「合う・合わない」で仕事は決めなさい

一生続けられる職種の選び方

長谷真吾
Shingo HASE

技術評論社

はじめに　幸せな就職をしよう

昨今、「大卒就職率が低下している」「就職氷河期である」という報道が続いています。でも、本当に日本の就職状況はそれほど悲惨な状態なのでしょうか。

実は世界のどこを見ても、専門スキルのない新卒学生が6割も就職できる国は、日本だけです。あのポジティブで楽天的な米国でさえ、09年度、大学卒業すぐに就職できたのは、わずかに19・7％。雇用の仕組みが違っていて、新卒採用を重視しないこともありますが、日本と比べて随分厳しい数字です。

つまり世界的に見ると、〝日本〟における新卒の就職環境が特別厳しいわけではないのです。日本企業は少なくとも、「実務経験や実績のない人は雇えません」と門前払いすることはないのですから……。

ただし、米国の学生の多くは、大学に入る前に「将来、この仕事で成功したい」と、自分が将来に就くであろう「仕事」をイメージして、大学の専攻を選んでいます。そして卒業後に、契約社員やアルバイトなどの形で実務経験や実績を積み、自分がやりたい仕事で正社員の座を獲得していきます。

一方、日本の学生の多くは大学に進学する際には「将来の仕事のイメージ」はなく、偏差値やブランドで大学を選び、就職活動を始めるころになってようやく「さあ、自分はどんな仕事をしよう」と考え始めます。しかし時間が足りないので、結局は大学進学の時と同様に、イメージやブランドで就職先を選んでいます。

私はそうした就職が、「若年層の3割が3年以内に会社を辞める」という結果につながっていると考えています。それこそが、「幸せな就職」で大切なのは本来、自分のやりたい仕事に就いて、その仕事で活躍することです。それこそが、「幸せな就職」なのです。

私自身、長らく採用関連の仕事を続けてきたので、バブル期のように「超売り手市場」から現在のような「買い手市場」まで、色々な状況下で就活生と付き合ってきました。そのなかで気づいたのは、「売り手市場」の時期に「幸せな就職をしている人が多い」わけでも、「買い手市場」の時期に「幸せな就職をしている人が少ない」わけでもないということです。

本書の中で紹介しているように、いずれの時期においても同様に、誰もが知っている大手有名企業に就職してすぐにやめた人もいれば、ベンチャー企業や中小企業に就職して大活躍している人もいるのです。

つまり、就職環境が厳しいからと言って不幸なわけではなく、就職が容易だからと言って幸せなわけではないのです。

本書は、景気の波や求人倍率に関係なく本当に「幸せな就職」をするためにどうすればいいかをお伝えするために書きました。

この本が皆さんの仕事選びに少しでもお役に立てば、望外の喜びです。

本書の読み方

「合う・合わない」仕事の考え方

1章	「合う・合わない」で仕事は決めなさい
2章	会社は仕事で選びなさい
3章	価値観が合うから仕事は楽しい
4章	成果が出るから仕事は面白い
5章	ビジネスモデルから仕事を考える

適職マップ

6章	製造業の仕事
7章	流通業の仕事
8章	金融保険業の仕事
9章	情報通信業の仕事
10章	サービス業の仕事
11章	バックオフィスの仕事

適職マップの読み方

該当する職種に求められる価値観、能力・資質を、短い言葉でまとめています。

顧客は「社外＝アミがあるもの」と「社内＝アミがないもの」に分類されています。

産業別の代表的な「職種」と、その主要な「社内の顧客」と「社外の顧客」、そして職種の「別名」を示してあります。

職種に求められる能力・資質を、基礎素養（青色）、業務遂行力（灰色）、対人関係能力（紺色）に分けて示し、特に重要なものを大きくしています。

職種が属する会社のビジネスモデルや特徴を概観した上で、職種の役割と、仕事で求められることや苦労することなどを解説しています。

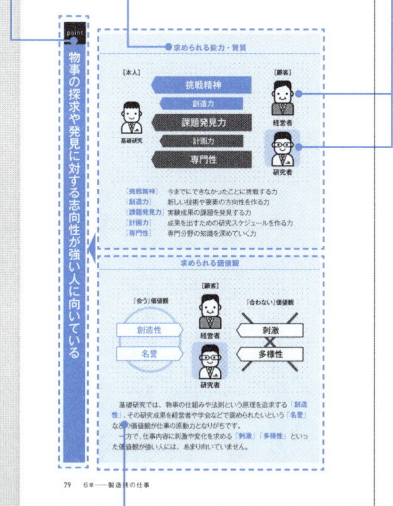

職種に求められる価値観「合う価値観」を示した上で、間違えやすいものの実は「合わない価値観」を示し、その理由を簡単に解説しています。

職種が存在する業界を示した上で、職種に似ている仕事（別産業・業界）と、その職種に就くために求められる要件を解説しています。

目次

はじめに　幸せな就職をしよう ... 2
本書の読み方 ... 4
適職マップの読み方 ... 5

1章　「合う・合わない」で仕事は決めなさい

高学歴者ほど危ない就職活動の罠 ... 11
親も先生も知らない今どき就職事情 ... 12
第1志望、第2志望がない就活生 ... 14
人事も見えてない学生のリアルな姿 ... 15
「悩むけど、合格」が落とし穴 ... 16
人の感情の論理性を検証する？ ... 18
EIでわかる、仕事の「合う・合わない」 ... 19
「合う・合わない」で仕事を決める ... 20

2章　会社は仕事で選びなさい

就職には投資家と違う視点が必要 ... 25
就職には利用者とも違う視点が必要 ... 27
「合う・合わない」は顧客で決まる ... 28
仕事の顧客は社内にもいる ... 30
顧客を意識すれば面接も変わる ... 32

3章　価値観が合うから仕事は楽しい

価値観が合わない仕事は続かない ... 37
仕事で求められる代表的な価値観 ... 38
銀行マンに求められる価値観とは ... 40
銀行マンのもう1人の顧客 ... 42
扱う商品が価値観を決める ... 43
軽自動車販売員に必要な価値観とは ... 44
求められる価値観は社風で変わる ... 46
ヤフーと楽天で求められる価値観は？ ... 48

4章 成果が出るから仕事は面白い

- 成果が出ない仕事は続かない ... 53
- 仕事で求められる代表的な能力・資質 ... 54
- 銀行マンに必要な能力・資質 ... 57
- 扱う商品が能力・資質を決める ... 58
- 社風が能力・資質を決める ... 60

5章 ビジネスモデルから仕事を考える

- スーパーバイザーの仕事を考える ... 65
- マーチャンダイザーの仕事を考える ... 66
- 同じ業界でも異なるビジネスモデル ... 70
- ビジネスモデルは時代で変化する ... 73

6章 製造業の仕事

- R&D ... 80
- 基礎研究 ... 78
- 臨床開発 ... 84
- 商品企画 ... 82
- 生産技術 ... 88
- 仕入調達 ... 86
- 品質管理 ... 92
- 生産管理 ... 90
- 販促企画 ... 96
- 物流管理 ... 94
- 営業（生活用品） ... 100
- 提案営業 ... 98
- 代理店営業 ... 104
- 営業（耐久消費財） ... 102
- 住宅営業 ... 108
- MR ... 106
- 自動車販売（高級車） ... 112
- 自動車販売（大衆車） ... 110
- カスタマーサポート ... 114

7章 流通業の仕事

- バイヤー ... 122
- 商品企画 ... 120
- 販売員 ... 126
- 店長 ... 124
- 総合職（総合商社） ... 130
- スーパーバイザー ... 128
- 総合職（専門商社・卸） ... 132

8章 金融保険業の仕事

- 総合職（生命保険） 138
- 代理店営業（損害保険） 140
- 証券営業 142
- 顧客窓口（消費者金融） 144
- 営業企画（クレジット・信販） 146
- 法人営業（都市銀行） 148
- 法人営業（地方銀行） 150
- ディーラー 152
- プライベートバンカー 154
- 銀行事務 156

9章 情報通信業の仕事

- プロデューサー 162
- 編集者 164
- 記者 166
- 広告営業（メディア） 168
- 求人広告営業 170
- サービス企画 172
- ウェブデザイナー 174
- アプリケーションエンジニア 176
- ネット広告営業 178
- システム営業 180
- システムエンジニア 182
- 運用エンジニア 184
- ネットワークエンジニア 186
- 法人営業（通信） 188
- 代理店営業（通信） 190

10章 サービス業の仕事

- ケアマネージャー 196
- 介護福祉士 198
- 教務事務 200
- フロア担当 202
- 商品企画 204
- 店舗責任者 206
- 店舗開発 208
- 仕入担当 210
- アカウントエグゼクティブ 212
- クリエイティブディレクター 214
- 建設営業 216
- 設計企画 218
- 施工管理 220
- コンサルタント 222
- 基礎研究（エネルギー） 224
- 営業企画 226
- 保守エンジニア 228
- 提案営業 230
- 人材紹介営業 232
- 人材派遣営業 234
- 法人営業 236

11章 バックオフィスの仕事

- 法務 240
- 人事 242
- 経理 244
- 総務 246
- 財務 248
- 情報システム 252

おわりに 幸せの基準は自分で決めよう 254

1章

「合う・合わない」で仕事は決めなさい

現在日本では、新卒で就職した人の3割強が3年以内に離職しています。彼らの多くは、誰もが知っている大手有名企業に勤めていながら、「自分と合わない」と感じて退職しているのです。ここでは、その背景にあるものを考えていきます。

12年3月20日、日本経済新聞の1面に、「安定就業5割未満」という見出しの記事で「大学や専門学校を出ても正社員になれる人が48%しかいない」という調査結果が大きく報じられました。同記事には、10年3月卒で就職した56・9万人のうち、3割強にあたる19・9万人が、3年以内に離職しているとも書かれています。

これを読んだ多くの人は、「日本の経済状況の悪化が、若者の正規雇用の低下につながっている」あるいは「自分の希望する大手企業に入社できず、不本意な就職先に我慢できなかった人たちが、入社後すぐに転職したのだろう」と考えたかもしれません。

実は、そんなことはありません。

離職者たちの多くは、誰もが知っている大手有名企業に勤めていたにも関わらず、「自分はこの仕事と合わない」と感じて退職しているのです。

実際、私の知る学生の何人もが、入社倍率数百倍の難関を勝ち抜いて、大手有名企業に入社したにも関わらず、2年も立たないうちに退職しました。彼らが一様に言うのは、「自分に合わない」「自分を評価してもらえない」という言葉です。

きっと、何かが根本的に間違っているのです。

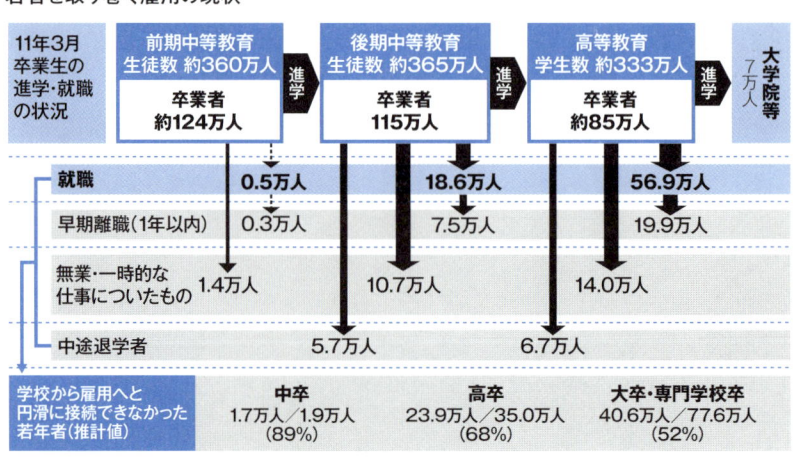

若者を取り巻く雇用の現状

出典:「若者雇用を取り巻く現状と問題」(内閣府　経済財政運営担当)
＊上記の人数の中には、その後、進学・就職する者や卒業年次前に中退した者も含まれる。

高学歴者ほど危ない就職活動の罠

では、何が間違っているのでしょうか。

社会人1年目、A君の軌跡を追ってみましょう。A君は慶応大学経済学部を卒業し、昨年4月メガバンクに就職しました。有名大学を卒業しているとはいえ、この不況下、大手金融機関に入社できたことは素晴らしいはずなのですが、最近、「今の仕事は自分に合わない」と感じ、転職活動を始めています。

そもそもA君は非常に熱心に就職活動をしていました。学校の就職ガイダンスで言われた指導に従って、業界や志望先を早い段階から決め込まず、知っている大手企業を中心にたくさんの企業へ応募したのです。

3年生の12月には周りの友人たちと比べても多くの企業説明会に参加し、様々な業界・企業の面接を受けました。4月などは1日に3、4社の面接が連日続くことも多く、毎日が売れっ子芸能人なみの多忙な日々だったと言います。「絶対に、この業界、この企業に行きたい」という強い意志はなく、面接に呼ばれれば、スケジュールが合う限り、すべての企業を受けた結果、大手保険会社、大手電機メーカー、大手通信会社、そしてメガバンクと、4つの会社の内定を見事に勝ち取ったのです。

さて内定が出た後、A君は、どの企業に就職すべきか迷いました。当時の心境をこう語っ

1章——「合う・合わない」で仕事は決めなさい

ています。「どの企業も悪くない気がして、どこに行けばいいのか判断がつきませんでした。**いま思えば、あのとき、もう少し具体的な仕事内容や職場の雰囲気を調べた上で判断すればよかった**」。しかしその時は、金融機関なので安定し、誰もが知っていて、しかも親の勧めがあったことから、最終的にメガバンクへの就職を決めたのです。

彼は現在、同世代の若手ビジネスマンと情報交換しながら、早く自分に合った仕事を見つけたいと転職活動を続けています。親は「大手有名企業であること」「まだ２年しか働いていないこと」から、今のタイミングで転職するべきではないと反対していますが、彼の決心は変わりません。このまま仕事を続けていても、精神的につらくなるばかりと感じているからです。そして、ＳＮＳで出会う同世代の多くが、自分同様、いまの職場に合わないと感じ、転職活動していることに、どこかホッとしています。

親も先生も知らない今どき就活事情

実は、Ａ君のようなケースは、まったく珍しくありません。誰もが同じ状況になりえるのです。

では、なぜこのようなミスマッチが起こるのでしょうか。ここではその原因を、就職活動のプロセスから検証していこうと思います。

12

現在の就職活動は、早ければ3年生の夏、一般的には3年生の秋、学校が開催する「就職ガイダンス」「エントリーシート対策」「筆記試験対策」などに参加することで始まります。経済環境が悪いこともあり、多くの大学は就職ガイダンスなどにおいて「業界を絞り込んだりせず、幅広く色々な仕事を見なさい」と指導しています。そこで学生は、大手企業や有名企業を中心に、業界を絞り込まず、様々な企業の会社説明会に参加します。

12月になると、企業の採用情報などが掲載された「エントリーサイト」がオープンするので、業界や企業を絞り込んでいない多くの学生は、当然、あまり考えることなく、知っている企業に片っ端からエントリーします。多くの企業にエントリーすれば、各社ごとにＷｅｂテストを受けたり、履歴書を提出したりするため、12月から3月までの期間はあっという間に過ぎてしまいます。

そして、「倫理憲章」という企業同士の就職活動協定で決められた解禁日の4月1日に、大手企業による入社選考が一斉にスタートします。各社の思惑もあり、採用面接の期間は極めて短く、早いところでは4月中旬までの2週間で内定者を決めることになります。

企業側には採用目標があるため、内定者に対して早めの決断を迫ります。目標に到達しない数を2次募集で集めなくてはならないからです。

就職活動のスケジュール

12年採用は2カ月遅れのスタートとなり、学生にとって説明会などの企業理解の時間が短くなっている。大手を中心とした企業の説明会が重なり「志望業界」「志望企業」「志望職種」が決まらないまま、4月の面接に突入する。結果、学生の企業理解や自己分析が浅い状態で企業人事は面接をしなければならない

	就職	説明会	選考	学生の状態	ポイント
10月				働く実感が無く、TVで見る有名企業しか知らない	まだ志望業界もなく、あったとしても変化していく状況
11月					
12月	就職ナビ・合同説明会	プレセミナー		会うたびに良い会社が増えて、業界や会社を選べない混乱状態	学生は説明会に参加し選考ルートに乗ることに必死。企業選びの軸や自分に合った会社を選ぶ余裕なし
1月					
2月					
3月		会社説明会			
4月			面接・内定	目の前の面接に必死で合格しようとして就職活動が受け身になってしまう	面接をしても志望度合いも解らない？人事は評価も低く感じてしまう
5月					
6月					
7月					
8月					

第1志望、第2志望がない就活生

熱心に就職活動をしている大学生のスケジュール帳を見ると、4月には、AKB48並みの超過密スケジュールで企業面接が入っています。金融機関などでは、採用面接が6次まで行われるところもあり、熱心な学生ほど、この傾向は強くなります。

この時期の学生には、自分でスケジュールを管理するなど不可能で、ましてや「自分はどんな会社が合うのか」「そもそも自分は何をしたいのか」などをじっくり考えたりする時間はありません。「ひたすら合格することだけを考えて毎日面接を受け続け、気が付いたら内定が出ていた」というのが現在の就職活動なのです。

昔のように第1志望の企業、第2志望の企業を決める学生も少なく、内定が出た後でどこに行こうか考えるのが一般的です。もちろん、忙しい中で時間を見つけて、OB・OG訪問、会社説明会などを通じて情報を収集し、自分に合った仕事を見つける熱心な学生も

そして決断を迫られた学生は、あまり深く考えることなく、イメージで就職先を決めます。このように、業界を絞り込まず、幅広く色々な仕事を見ながら就職活動を進めていくと、自分のやりたいことや自分に合っていること、あるいは企業の雰囲気や入社後の具体的な仕事をまったく意識しないままに、入社先を選ぶことになってしまうのです。

人事も見えてない学生のリアルな姿

実はこうした状況に、企業の人事部も困惑しています。

近年、私が開催する面接官研修などに参加する企業人事の方から、「最近の学生は面接しても合否を判断しにくい」「昔の学生の方が企業への志望度合いや人物像がわかりやすかった」あるいは「肉食系の学生が少なくなった」「突出した学生があまりいない」というお話をよく伺います。

でも、それもそのはずです。

先ほどのように、多くの学生は、就職活動が受け身になりがちで、自分なりの本質的な

いいます。しかしほとんどの学生は、ベルトコンベアー式の入社選考プロセスと超過密スケジュールのために、就職活動が受け身になっています。

そのため、先ほどのA君のように、いざ就職先を選び、入社後にミスマッチに悩む若者が増えているのです。特に11年度は、大学側からの要請により、例年10月に行われていたエントリー時期が12月にずれ込んだため、スケジュールがさらに過密になりました。12月のエントリー解禁が続くであろう12年度以降も、この傾向は続くと思われます。

志望動機を形成する間もなく、入社選考の場に出ています。一方で、多くの学生が、「就活セミナー」や「就活塾」などで自己分析のやり方や面接での受け答えなどは練習してくるので、通り一遍のことは無難に答えられるようになっています。

つまり企業側からすると、学生のやる気や志望度合い、人物像や個性の差異を面接で判断するのが難しくなっていて、そのぼんやりとした印象から、評価自体も低くなっているのです。

このように、現状の就職活動のプロセスや選考方法は、それ自体が、学生にとっても、採用する企業にとっても、非常にミスマッチが起こりやすい原因になっています。

「悩むけど、合格」が落とし穴

そもそも、多くの企業は入社選考の過程で学生を「A "うちの会社に合う" から、絶対合格！」「B "うちの会社に合う" か悩むけど、大学レベルや語学力などを考慮して合格」「C "うちの会社に合う" か悩むから、大学レベルも高くないし語学など特筆すべきものがないので不合格」「D "うちの会社に合わない" から、不合格」という4つのカテゴリーにわけています。そしてAとBの学生に内定を出すわけです。

一方、内定を勝ち取った多くの学生は、自分がAのカテゴリーに分類されているのか、

Bのカテゴリーに分類されているかを意識していませんし、その違いが生む結果を認識していません。

実際、大学のキャリア育成支援の講義で「幸せな就職をするためには、この4つのカテゴリーのうち、面接においてどこに分類されるべきかを考えて、順番を付けてください」と学生に投げかけると、多くが「A→B→C→D」と答えます。つまり、「その会社・仕事と自分が合うか」について面接官が迷っていても、何が何でも企業の内定をもらい、滑り込みたいと考えるのです。

しかし仕事とは、テストのような一過性の結果ではありません。自分が本当に楽しく働き続けるためには、自分に合った就職先を見つけるべきであり、そうでないと先述のA君のように、入社後にミスマッチに悩むことになってしまいます。

「うちの会社に合う」というのは企業によって基準が異なります。その企業に内定が出なかったとしても能力が低いということではないのです。「合う、合わない」をはっきりさせる方が企業も学生もお互いに幸せになれるのです。

したがって答えは「A→D→C→B」となるべきであり、実はBのカテゴリーに分類されて入社した人たちが、3年で離職する最有力候補なのです。

"合うかどうか"悩むけど、合格が落とし穴

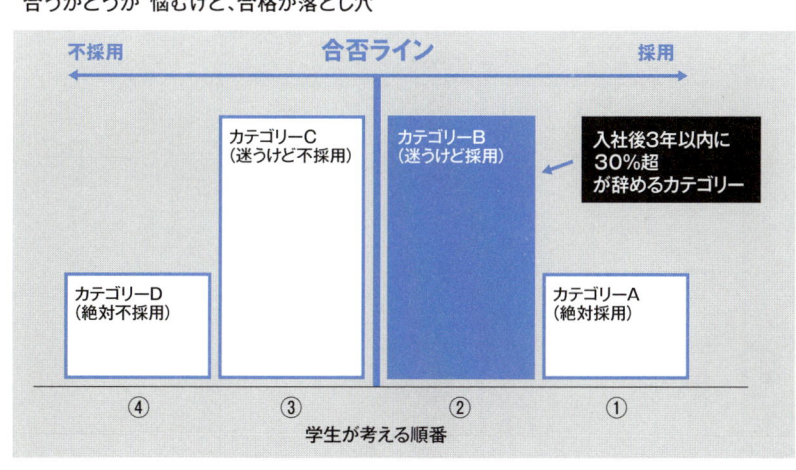

人の感情の論理性を検証する?

では、「その会社・仕事と自分が合うか」はどのように判断すればいいのでしょう。そもそも、人と仕事の相性を論理的に判断することなど、できるのでしょうか。

実は米国では、1920年代から、人の感情に関する研究が行われてきました。この研究成果は、「EI(Emotional Intelligence)」と呼ばれており、日本でも96年に『EQ 心の知能指数』というタイトルの書籍で紹介され、大ベストセラーになっています。

EIは元々、「人間の感情は論理的か」を検証するために始められた研究です。そのため人間の能力や資質の因子がどのように相対する人の感情に影響を与えるのかについて、多くの調査を行ってきました。

ところがあるとき、「ある外交官を北京に駐在させたところ大きな外交成果を上げたので、次にロンドンに赴任させたところ外交成果を上げられなくなり、モスクワに移すとまた外交成績が上がるようになった」という現象の理由がわからなくて困っていた米国政府が、EIの研究者たちに赴任先の国で高い外交成績を上げられる外交官を選抜できる試験を作るように依頼しました。そしてそこから、EIは、人と仕事の相性に

ロシアとイギリスの外交官に求められる気質・性格

	ロシアや北京の 外交官に求めれるもの	イギリスの 外交官に求められるもの
態度	・オープンさ ・フレンドリーさ	・紳士的
行動	・自分をさらけ出す ・酒を飲む	・論理的に考えを伝える ・粘り強く交渉する

関する研究へと発展したそうです。

依頼を受けたEIの研究者たちは「北京の文化や交渉相手と合う外交官もいれば、ロンドンの文化や交渉相手と合う外交官もいる」という仮説を立てました。そして優秀な外交官の能力や資質の因子を研究したところ、北京やモスクワで重要な成果を上げた外交官は「自分をさらけ出し、酒を飲み、オープンでフレンドリーな気質や性格」である一方、ロンドンで成果を上げた外交官は「自らの考えを論理的に伝え、粘り強く、紳士的に交渉する気質や性格」であることがわかったのです。

EIでわかる、仕事の「合う・合わない」

外交官というと高学歴のエリートを想像すると思います。確かに外交官になるには非常に難しい試験をパスすることや、高い学歴が求められます。しかしそんな彼らでも、北京では成果を出せてもロンドンでは成果を出せない、という現象が起こるのです。

同様に、アイビーリーグ出身者というエリート集団と、高卒以下の学歴を持つ集団とでは、浮浪者が出現する確率は変わらないという調査結果も米国にあります。

これらの調査結果は、学歴優秀であれば仕事でも成果が出せるわけではなく、仕事には「合う、合わない」が存在することを示しています。そしてEIの研究対象は現在、人の

「合う・合わない」で仕事を決める

資質による「仕事が合う、合わない」まで広がっています。

たとえば、運び込まれた重篤な患者に対処する「救急病院の医師」と末期がんの患者をケアする「ホスピスの医師」では、同じ医師でもまったく求められる資質が異なります。救急病院の医師に求められるのは、処置を一刻も早く判断して行動することであり、「素早い判断力と行動力」が仕事の成果に最も強く関係する因子です。一方、ホスピスの医師は、患者の気持ちを理解し、「共感する力」が最も強く求められます。

研究者でも同様です。物事の仕組みや構造を解析する「基礎研究の仕事」では、同じ実験を同様の条件下で何度も繰り返し、結果に再現性があるか見極めなければならないのに対して、発見された理論や要素技術の活用を考える「応用研究の仕事」では様々な条件下での反応を調べることになります。そのため一般に、応用研究者では強く求められる「柔軟性」が、基礎研究者ではデメリットとなる可能性が高くなります。

ここからもわかるように、人は、自身の持つ資質によって、「合う仕事」がある程度決まってきます。そして、「どの仕事が合うか」はある程度、論理的に導き出せるのです。

「若者は何でもできる」「人には無限の可能性がある」という言葉はとても前向きで、聞

いていて耳触りが良く、誰も反論しません。

しかし、あえて言います。

人生は有限であり、人には合う仕事と合わない仕事があります。 ある人が1週間でできるようになることが、ある人は1年経ってもできないことなど、ざらです。

「頑張れば、いつかできるようになる」といった根性論はやめて、まずは自分に合う仕事を探しましょう。合う仕事をきちんと見つけて、その仕事ができる会社に入ることが、幸せな仕事人生を送る方法だと私は信じています。

「日本の新卒採用は職種別採用が少ない」と考える人もいるかもしれません。しかし文系であれば、業界や会社によって、そこでほとんどの人が配属される職種はある程度決まっています。また理系であれば、業界や専門分野によって自分の配属される部署をある程度コントロールすることが可能です。

もちろん職種別採用の企業以外、入社後、どの部署でどの仕事をすることになるかは最終的にはわかりません。しかし幸いにして、日本の企業では数年単位での部署異動が一般的ですし、「自分はこの仕事をしたい」と決めれば、チャンスは必ず訪れます。そして何より、「自分と合う仕事」を思い描くと、自然と就職活動が楽しくなっていくはずです。

次章以降では、自分と合う仕事を見つけるために必要なことを理解していきましょう。

2章

会社は仕事で選びなさい

就職活動中の人は、「仕事に対するイメージ」ではなく、「会社に対するイメージ」や「商品やサービスに対するイメージ」で就職先を決めています。そしてそれは「仕事が合わない」結果を招きます。ここでは、その理由を考えましょう。

「会社は仕事で選びなさい」と言われても、皆さんは実感が湧かないかもしれません。

「そもそも働いたこともないのに、どんな仕事かなんてわからない」あるいは「とりあえず良い会社に入っておけば、たとえ仕事が合わなくたって、転職でも有利なはずだ」と考える人も多いでしょう。

実際、新卒学生をはじめとする就職活動中の方の多くが、「会社に対するイメージ」やその会社の「商品やサービスに対するイメージ」は持っていても、「その会社で日々、誰と、どんな会話をして、何を求められるのか」「どのような苦労や喜びがあるのか」といった「仕事に対するイメージ」はほとんど持っていません。

しかし、会社や商品・サービスに対するイメージと、仕事に対するイメージとは、まったく違うものです。そして前者のイメージで会社を選ぶと、得てして、「仕事が合わない」結果を招きます。

ではなぜ、「会社に対する漠然としたイメージ」や「商品やサービスに対するイメージ」で就職先を選ぶと、駄目なのでしょうか。それが、どのような結果をもたらすのでしょうか。

ここでは、就職活動において「会社は仕事で選ぶ」ことの意味を考えていきましょう。

会社は仕事で選ぶ

[商品・サービスイメージ] ≠ [仕事のイメージ] ≠ [会社のイメージ]

＝

会社は仕事で選ぶ

就職には投資家と違う視点が必要

「会社に対するイメージ」が良いことの条件を聞くと、就活生の多くが上げるのは、「好業績・好決算」「高い売上・利益」「世間における知名度」「ヒット商品・サービス」などです。なかには、「会社四季報」などを購入して業界・企業研究する就活生もいます。

でも、少し待ってください。

これら情報の多くは、投資家の視点で見たときの「良い会社の条件」です。会社四季報に載っているのは、そもそも「会社に投資する」際に必要な情報であり、投資家は、それらの情報から「その会社の株価が上がるか」を判断しています。

しかし、その「会社に就職する」ときに重要なのは「株価が上がるか」ではなく、「その会社で働くことが自分にとって幸せか」です。当然、そこでは、まったく違う視点が求められます。

「高い売上・利益は、安定雇用や高い給与につながる」と考えるかもしれません。しかし、その高い売上や利益を上げるのは、その会社に就職した皆さんです。ひょっとしたら、厳しいノルマが待っているかもしれませんし、深夜残業や休日出勤は当たり前かもしれません。

たとえば、いま爆発的に普及しているスマートフォン。スマートフォンを積極的に売り出した通信会社やスマートフォン上で優れたサービスを提供している会社は、多くの投資

家から「良い会社」と評価されています。

しかしその裏には、残業続きのハードな「仕事」があったのかもしれません。苦労して開発しても、上司に何度も修正を指示されたり、通信会社から掲載のOKが出なかったり、ソフトウェアの不具合で顧客から膨大なクレームが来たり、など様々な事態が発生したかもしれません。一方で、新しい技術を学べたり、他社の開発者と人脈ができたり、開発したサービスがユーザーに高い評価を受けたりしたかもしれません。

働く人にとって重要なのは「こうした仕事や状況を楽しめるか」なのです。

そもそも投資家は、その会社の株式を買って将来の値上がりを待ち、これ以上株価が上がらないと判断すれば、株式を売って、別の会社に投資します。一方、その会社で働く人は、その会社の業績が少し悪くなったり、株価が下がったりしたからと言って、簡単に転職することはできませんし、その必要もありません。辞めるにあたっての判断には、業績や株価以外に考慮すべきことがたくさんあるからです。

このように、投資と就職では、必要な情報や視点が異なるのです。

投資家と就活生にとって重要な情報・視点の比較

投資家にとって重要な 情報・視点		就活生にとって重要な 情報・視点
売り上げが伸びている 利益が多く出ている （業績が良い）	業績・条件	給与が高く 福利厚生が良い （労働条件が良い）
新しい商品やサービスが 生み出されている （成長性がある）	商品・サービス	商品やサービスを生み出す 苦労や喜びに共感できる （自分と合う・合わない）
会社の知名度が高く ブランド価値がある （世の中が認めている）	会社・仕事	知名度は高くなくても 仕事にやり甲斐がある （自分で認めている）
社員の能力が高く 生産性が高い （効率性が高い）	会社・仕事	自分の能力が磨けて キャリアアップできる （自分の成長につながる）

就職には利用者とも違う視点が必要

では、「商品やサービスに対するイメージ」で選ぶ就職は、どうでしょうか。就職希望ランキングでつねに上位にある航空会社を例に考えてみましょう。

就職関連の広告に使われることもあって、就活生の多くが航空会社のイメージとしてあげるのは、「大空に飛び立つ飛行機の姿」や「海外の大都市への旅行」です。なかには、「天空都市マチュピチュ」「お洒落なパリの街角」「霧に浮かぶ上海の摩天楼」などへのバカンスを、夢想する人もいるかもしれません。

いや、夢を見るのは結構ですが、残念ながら、それは仕事の現実ではありません。

たしかにお客様にとって、海外や国内の旅は、楽しくエキサイティングな体験です。そして飛行機は、その旅の重要な手段であり、飛行機での時間もまた旅の大切な一コマになります。

しかし社員の仕事は、そのお客様の快適な旅行のために、飛行機を整備し、安全かつ正確に運行し、予約を正しく管理し、荷物を間違えることなく輸送することです。

たとえば飛行機が運休になれば、予約客の罵声やクレームに応対し、

利用者と就活生にとって重要な情報・視点の比較

利用者にとって重要な情報・視点		就活生にとって重要な情報・視点
良い商品やサービスがリーズナブルな価格で供給されている（商品・サービスの満足度が高い）	商品・サービス	商品やサービスの提供環境が社員にとって働きやすい状態になっている（仕事の満足度が高い）
自分が気に入った商品やサービスを好きなだけ選ぶことができる（商品・サービスの利便性が高い）	商品・サービス	自分が気に入らない商品やサービスも提供することになる（自分と合う・合わない）
会社の知名度が高く商品やサービスに安心感がある（世の中が認めている）	会社・仕事	会社の知名度は高くないが商品やサービス自体に自分が誇りを持てる（自分で認めている）

2章——会社は仕事で選びなさい

「合う・合わない」は顧客で決まる

他の航空便に変更・振分けし、場合によっては宿の手配までこなすことになります。しかも、どんなに疲れていてもお客様に向かって笑顔を見せながら、です。一方で、自分が担当しているサービスを改善したり、新サービスの良さをお客様に伝えたりすることで、お客様が喜んでくれたり、会社の売上が伸びたり、上司や同僚に評価されたりもします。

このように、顧客としてサービスを利用することと、スタッフとして仕事をすることとはまったく違うのです。皆さんも、あこがれの仕事があれば、是非、実際に働いている人に聞いてみてください。きっと、「こんなに忙しいと思わなかった」「裏方として働くことに喜びを覚えます」など、予想もしなかった答えが返ってくるはずです。

投資と就職の違いと同様に、利用するときと就職するときでは、まったく異なる視点が求められるのです。

では、仕事の合う・合わないはどうやって判断したらいいのでしょう。

そのヒントは、実は、「仕事の場面」にあります。仕事の場面では、顧客に求められる商品やサービスを作り出したり、それを顧客に購入してもらったり、その品質をチェックしたり、あるいは商品やサービスに対する顧客の批判を受け止めたりすることが求められ

ます。

どんな仕事でも、つねに「顧客」と向き合い、継続的に付き合い、信頼関係を深めていかなくてはなりません。仕事とは、顧客あってのものであり、顧客から逃れるわけにはいかないのです。そこで重要なのは、あなたが「どんな顧客を相手に仕事をするのか」ということです。

私がここで言う顧客とは、いわゆるリービスのユーザーや商品の購入者だけを指すものではありません。その仕事に重要な影響を及ぼす「利害関係者」すべてを含んでいます。当然、社内の人も含まれますし、1つの仕事に複数の顧客が存在することも珍しくありません。

どのような顧客と向き合い、どのように仕事をするのか、をリアルにイメージしたとき、自分に合う仕事が見えてきます。 つまり、その顧客と向き合う瞬間が好きで、その顧客とうまくやっていければ、「その仕事に合っている」わけです。

こう考えると、就職先を選ぶにあたっては、投資家のように株価が上がりそうな会社や、消費者のように商品・サービスが気に入る会社を選べばいいわけではないことがわかるはずです。投資家や利用者は、顧客と向き合う必要もなければ、関係性を構築する必要もないからです。彼らは、気に入らなければ、株を手放したり、商品を買わなかったりして、付き合いをやめることができます。しかし就職すれば、そうはいきません。責任や苦労もセットで、顧客と付き合い続けなくてはならないのです。

そして、合う仕事を見つけるには、付き合い続けられる顧客を捜す必要があるのです。

仕事の顧客は社内にもいる

では、どのような顧客を仕事で相手にするかについて、アップルの「iPod」開発を例に考えてみましょう。

iPodの開発では、既存の携帯型デジタル音楽プレイヤーとはまったく違う、新しいコンセプトの製品を作ることが求められていました。直感的なユーザーインターフェース、シンプルでありながら誰が見てもアップル製品とわかるデザイン、音楽好きなら誰もが待ち望んでいた大容量、そしてPC上で連動する「iTunes」によるデータサーバー機能、などです。

まず、これらをiPodの潜在ユーザーに受け入れてもらう必要があります。

しかし、それだけではありません。このプロジェクトを成功させるには、様々な外部事業者を巻き込む必要がありました。すなわち、CPUを提供する韓国の半導体メーカー、製造を請け負う台湾のメーカー、デザインの特徴である「鏡面磨き加工技術」を持つ日本のメーカー、そしてネットでの音楽配信の許諾を与える音楽業界の関係事業者やアーティストなどです。

製品の成功には、それぞれに対して、製造コストや納期、著作権保護やコピー防止などの条件を明示し、契約する必要があります。

さらに、最も重要な利害関係者に「スティーブ・ジョブス」がいます。彼は、製品のコ

ンセプト、デザイン、機能などに徹底的にこだわり、妥協しないことで有名です。開発にあたっては、彼が納得するデザイン、品質、納期を守ることが絶対条件です。

開発チームは、スティーブ・ジョブズをはじめとする、様々な利害関係者全員を納得させた上で、仕事を進めなくてはなりません。その意味では、ユーザーだけでなく、これら関係者全員が「顧客」なのです。

このように、そのビジネスに強い影響力をもたらす存在は、社内、社外を問わずに顧客です。メーカーを例に取れば、「研究者」にとっては技術提携先のベンチャー企業や開発に期待を寄せる経営者が顧客であり、「営業」にとっては大手量販店や法人ユーザーが顧客となります。

そしてこれらの「顧客」が、その仕事の内容や性格などに大きな影響を与えているのです。

iPod開発チームの「顧客」

音楽業界　　アップルのユーザー　　スティーブ・ジョブズ　　開発チーム　　製造委託先・部品メーカー

2章——会社は仕事で選びなさい

顧客を意識すれば面接も変わる

実は、顧客を意識することは、就職活動においても有利に働きます。

採用面接において多くの人は、「御社は業界でナンバーワン企業であり」「御社の事業の将来性が」「御社はCSR活動にも力を入れられて」と、主語を「御社」、すなわち「会社」にして志望動機などを語ります。

銀行の面接であれば、「御行は日本を代表する銀行であり、都市開発や海外投資、特に成長しているアジア圏へのプロジェクトファイナンスにおいても多くの実績があります。このような実績は産業界の発展に重要な役割を果たしており、日本経済を成長させるためにはなくてはならない存在です。また、近年はCSR活動にも熱心で社会と共に活動していく姿勢が素晴らしいと感じました。そんな御行で私は働いてみたいのです」といった具合です。

では、こうした就活生を面接官はどのように評価するでしょう。

多くの面接官は「最近、大手志向のこういう学生、多いんだよな」と心の中でつぶやき、高い評価は与えていないのです。

なぜでしょうか。

他の応募者もまったく同じような志望動機を語るからです。 たしかに言っていることは間違っていないし、本当に高く評価しているかもしれませんが、それだけでは、たくさん

の応募者の中からその人を選ぶ理由にはなりません。そのような通り一遍の志望動機ではなく、面接官は、「あなたがどんな人で、何ができて、どんな仕事で成果を上げそうか」を知りたいのです。

では、主語を「会社」から「仕事」に変えて、志望動機を語ってみましょう。

「銀行の法人営業の仕事では、多くの企業を地道に訪問しても将来性のある法人を見つけるのが大変だと思います。ベンチャーや中小企業の場合は企業の信用も低いので融資を実現することは難しいことも想像できます。でも、本当に自分が良いと思う企業、企業理念に共感できる経営者を見つけて、一緒に会社を成長させることができたら非常にやりがいがあると思います。そんな仕事を通じて、世の中に役立てたらうれしいと思い、御社に応募しました」と話したらどうでしょう。

採用担当者は「おっ、こいつは、自分が何をやるか、何をできるかのイメージを持っているな」と感じるはずです。つまり、会社ではなく仕事や仕事の先にある顧客について語ったときに、採用担当者も、応募者のリアルな姿が見えて、採用したいと思うのです。

一方、応募する側も、顧客とのやりとりや関わりにおいて、自分自身が何をやるか、何ができそうかを考えることで、自分なりに提供できそうな価値をよりリアルに語れるはずです。

面接での発言と評価

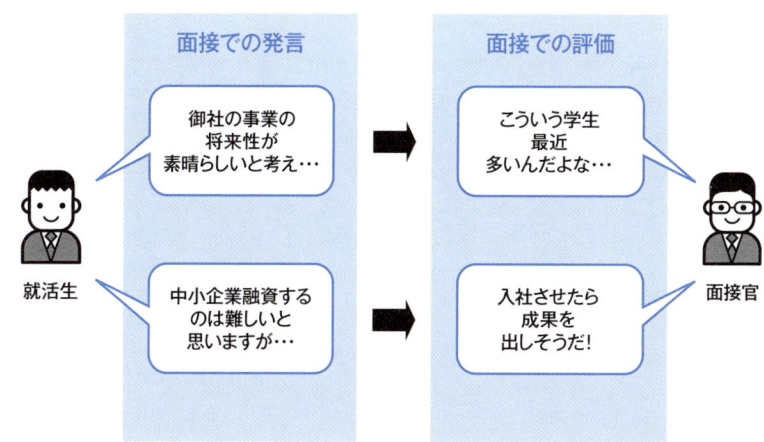

2章——会社は仕事で選びなさい

実際、私がリクルート社の面接官として就活生に会っていたときも、「リクルートは、世の中に今までなかったコンセプトやサービスを生み出してきた会社だと思います」と言われるよりも「自分は将来独立したいので、色々な企業に営業する仕事を探しています。また顧客の商品やサービスに関する広告を作ることで、様々なビジネスが理解できると考えています」と語られると、応募してきた学生の働いているイメージが湧きました。

このように面接とは、採用担当者と応募者とが互いに、「この会社で活躍できるイメージ」をキャッチボールしながら、「合う・合わない」を判断する作業なのです。

3章

価値観が合うから仕事は楽しい

「顧客」は、「仕事を行う上での考え方や興味・関心の優先順位」である「価値観」を決めています。つまり、顧客と価値観が合うかが、その仕事に合うかを決めているのです。ここでは、仕事に求められる価値観について考えます。

2章では、「仕事で会社を選ぶこと」「仕事には必ず顧客がいること」「顧客によって仕事で必要なものが変わること」「顧客がそれほど重要なのでしょうか。なぜ、顧客は仕事に強い影響を与えるのでしょうか。

その答えは「価値観」にあります。ここで言う価値観とは、「その仕事を行う上での考え方や興味・関心の優先順位」です。

私が新入社員としてリクルートに入社したとき、創業者である江副浩正社長から配られたプレートには「自ら機会を創りだし、その機会によって自らを変えよ」と書かれていました。最初は「良い言葉だな」程度の感想だったのですが、働き始めてみるとその言葉の意味がよくわかりました。

当時、ベンチャー企業であったリクルートで仕事をするということは、「会社が何かを用意するわけでも、育ててくれるわけでもない。自分の仕事と顧客から自ら学び、成長するしかない」というメッセージが込められていたのです。「きちんと教育してほしい」と考える人には荒っぽく思えるかもしれませんが、ある意味、当時のリクルートに入社していたのは、この「価値観が合う」人だったのです。

このように、価値観は、仕事や会社を選ぶにあたって非常に重要です。

ここでは、「価値観が合う」ことの意味をさらに詳しく考えていきましょう。

「価値観が合う」ことの意味と例

「価値観が合う」＝「仕事を行う上で、大切だと思う考え方や興味や関心の優先順位が合う」

仕事によって、求められる価値観は異なります

製品開発の仕事と価値観が合う	介護・福祉の仕事と価値観が合う	ウェブ開発の仕事と価値観が合う
＝	＝	＝
創造性	社会貢献	刺激

価値観が合わない仕事は続かない

リクルートの採用担当時代、職場の人と「価値観が合う」ことの大切さをしばしば実感しました。

国立大学出身のN君は、「リクルート」に入社するか、地元の「電力会社」に入社するかで悩んでいました。

是非彼を採用したいと思った私は、N君に何人ものリクルート社員と会ってもらい、彼自身、リクルートの人たちと価値観が合うことを感じていました。そもそもN君は、父親が自営業で、年上の人に可愛がられるタイプだったこともあり、リクルートの主要「顧客」である中小企業の経営者とはうまくやっていけると思っていました。また「自分もいつかは独立したい」と考えていたので、ベンチャー気質のリクルート社員と価値観が合ったのです。

しかし彼のご両親は「苦労して地元で一番の国立大学に入学したのだから、地元で一番の就職先に入社してほしい」と、電力会社への就職を勧めていました。自分たちが苦労したこともあり、親心から「安定企業に勤めることこそが彼にとって幸福な就職だ」と考えたのです。

N君は悩みに悩みました。電力会社に入社した大学の先輩にも会いましたが、「堅苦しい人が多く、自分とは合わない」と思ったからです。採用担当の私のところにも何度とな

仕事で求められる代表的な価値観

く相談に来ましたが、最終的には、「自分を今まで育ててくれた両親を喜ばせたいから」と、電力会社に入社することを決めたのです。

ところが、1年後、彼から突然、連絡が入りました。そのとき彼はこう言っていました。「会社の人々はとてもいい人ばかりです。仕事もそれほど忙しくなく、給与も悪くありません。先輩たちも安定したいい会社に勤めていることを誇りに思い、定年まで勤め上げたいと感じています。でも自分は、リスクを取っても挑戦できる仕事がしたいのです。でも先輩に話したら、そんなことを考えずに地道に仕事をするよう諭されました。今の仕事の改善や新しいビジネスの提案をしても、上司から「これ以上仕事を増やすな！」と、取り合ってもらえません」

そして「やっぱり、毎日一緒に仕事をする人々と「価値観」が合わないのは辛いです。職場の人たちと考え方や感じ方を共感できないことに、我慢できませんでした」と語ってくれました。

前述のように、仕事で求められる価値観は顧客によって決まります。

たとえば、「iPhone」をはじめとするアップル製品の顧客は「今までとは違うラ

イフスタイル」を求める人です。一方、介護福祉サービスの利用者の多くは年配者や障害のある人などであり、インターネットサービスの利用者は新しい技術に敏感な若者がほとんどです。

そのため、アップルでの仕事には今まで世の中に無かった先進的で革新的なものを提供する「創造性」の価値観、介護福祉の仕事には社会的弱者に対する思いやりやボランティア精神などを発揮する「社会貢献」の価値観、インターネットサービスの仕事には、新しい技術の習得や世の中の変化に対応する「刺激」や「多様性」の価値観がそれぞれ求められます。

このように、仕事に求められる「価値観」は、顧客によって多種多様です。そして、「刺激」や「多様性」を求める人が福祉や介護の仕事に就けば、退屈で日々の仕事にやりがいが持てず、「社会貢献」の価値観を重視する人が投資銀行で働けば、仕事自体が苦痛になりがちです。一方で、求められる「価値観」がその人の「価値観」と合えば、その仕事は楽しく、やりがいに満ちたものになる可能性は高くなるのです。

また価値観は、その人の能力・資質とも密接な関係を持っています。人間関係を大切に思う価値観の持ち主は、一般に、対人関係力が発達します。

EI理論で定義される、仕事で求められる主要な「価値観」

価 値	内 容
人間関係	チームで働くこと、仲のよい人々と働くこと
自律性	一人で自律的に働くこと、指示する上司がいないこと
多様性	しばしば仕事の内容が変わること、仕事内容が固定的でないこと
創造性	思い付くアイデアを反映できること、何かを創り出すこと
社会貢献	仕事を通して周囲を良くしていくこと、他人や環境に貢献すること
刺 激	仕事内容が刺激的であること、とても楽しいと常に感じられること
名 誉	賞賛してもらうこと、何らかのステイタスを与えられること
昇 進	昇進していくこと、地位が向上すること
報 酬	お金もうけができること、財産が増えていくこと

※これらは代表例であり、これ以外にも多様な価値観が仕事には求められる

銀行マンに求められる価値観とは

E－理論では、仕事に求められる代表的な「価値観」として前頁のものをあげています。なお仕事の「価値観」を決めるのは、「顧客」だけではありません。仕事で扱う「商品・サービス」、仕事をする会社の「社風」にも影響を受けます。

次に、それぞれを詳細に見ていきましょう。

顧客が求める「価値観」を、新卒学生に人気のある銀行の仕事を例に考えてみましょう。

銀行には、「リテール」「法人営業」「外国為替」「投資銀行」など、様々な種類の仕事が存在します。そのうち、銀行の収益に最も大きく寄与しているのが、資金需要があり融資を希望する企業にお金を貸し付けてその金利で利益を得る「法人営業」の仕事です。

大手企業への貸し付けもありますが、「法人営業」の取引先の多くは、日本の会社の9割以上を占める中小企業です。そのため法人営業の仕事に就いた場合、第一の顧客は、そこでの最終的な意思決定者である「中小企業経営者」となります。

では、その中小企業経営者は銀行の担当者に、どのような「価値観」を求めるのでしょうか。

大企業と違って中小企業は資金に余裕がないので、つねに資金需要があります。しかし

銀行は、すべての企業に対して無条件で資金を融資するわけではありません。資金の融資先が業績悪化などの影響で返済できなくなることがないように、財務体質や売上などを銀行本部で厳しく審査し、審査に合格した企業にのみ融資します。

積極的に融資を受けようとする成長志向の中小企業は、独自技術や他にない製品やサービスを持っているところが多く、その経営者は一般に、自社の技術・製品・サービスに強い誇りと愛着を持っています。さらに、創業社長の場合、会社自体に対する思い入れが強く、自信家も多いようです。

そのため経営者は、銀行の法人営業に対して、規模や売上などの数字だけでなく、自社の製品や技術、そして自身の考え方や思いを理解し評価することを求めます。

そこで重要になるのが、ビジネスの利害関係だけではなく、人と人との関係性を大切に思うこと、すなわち「人間関係」を重視する価値観です。つまり、法人営業は、経営者との出会いを大切にし、彼らと信頼関係を構築することに、仕事のやりがいと喜びを感じる人に合っているのです。

銀行の法人営業に求められる価値観 1

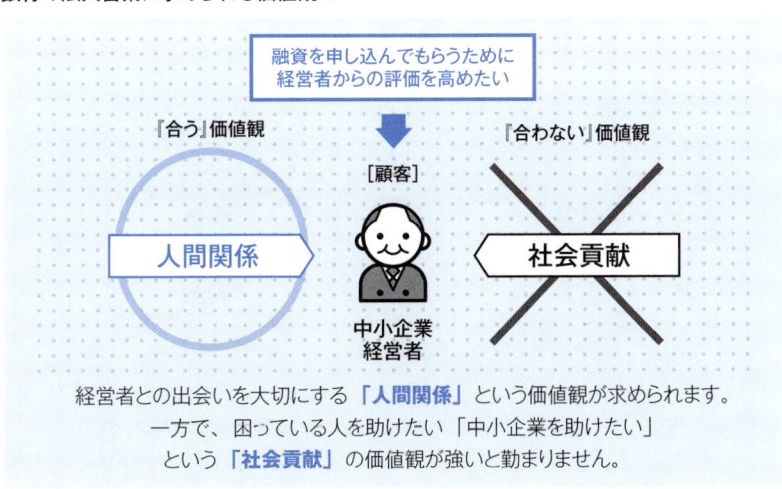

融資を申し込んでもらうために
経営者からの評価を高めたい

『合う』価値観　［顧客］　『合わない』価値観

人間関係　中小企業経営者　社会貢献

経営者との出会いを大切にする**「人間関係」**という価値観が求められます。
一方で、困っている人を助けたい「中小企業を助けたい」
という**「社会貢献」**の価値観が強いと勤まりません。

41　3章——価値観が合うから仕事は楽しい

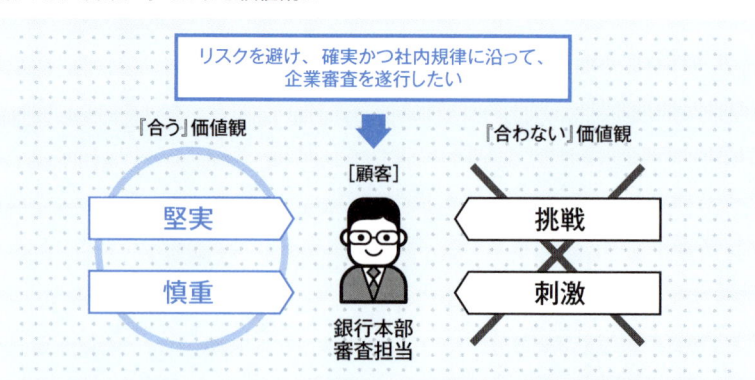

銀行マンのもう1人の顧客

法人営業の仕事を詳細に見ていくと、中小企業経営者だけでなく、社内の融資審査を行う銀行本部も「顧客」と考えなくてはならないことに気づきます。では、融資審査を行う銀行本部はどのような「価値観」を求めるのでしょうか。

収益の大半が貸付金利である銀行において、資金を貸し付けた企業からお金が返ってこないことは収益基盤を揺るがす事態です。したがって銀行本部は厳密な審査基準を設け、貸し付け資金が返済されないリスクを最小限に抑えようとし、法人営業に対しても厳密かつ堅実に仕事を進めるよう求めます。

実際、中小企業の場合、融資の話を進めてみると、実績がなかったり、売上が小さかったり、財務体質が弱かったりして、融資審査が通らず、融資が実行できないケースも珍しくありません。

そのため、法人営業に求められる価値観は「慎重」になります。自分が担当する中小企業の可能性に魅せられて、「リスクをとっても融資を実行すべきである」と考えたり「決められた社内基準や手続きをめんどうくさい」と感じたりするタイプ、「挑戦」「刺激」の価

銀行の法人営業に求められる価値観 2

リスクを避け、確実かつ社内規律に沿って、企業審査を遂行したい

『合う』価値観 ― [顧客] 銀行本部審査担当 ― 『合わない』価値観

- 堅実
- 慎重

× 挑戦
× 刺激

物事をきちんと正しく進めること **「堅実」** や **「慎重」** という価値観が求められます。一方で、リスクを取って大きな成果を得たい **「挑戦」**、新しい仕事のやり方や変化を望む **「刺激」** という価値観が強いと退屈に感じてしまいがちです。

扱う商品が価値観を決める

「価値観」はまた、扱っている「商品・サービス」によっても決まってきます。自動車販売の仕事を例に考えてみましょう。自動車ディーラーにおける販売の仕事は、扱う車種によって、求められる価値観が大きく変わります。これは、メルセデスベンツやポルシェなどの高級車を売る仕事と、軽自動車やミニバンなどの大衆車を売る仕事では、「顧客」が異なるからです。

高級車を売る仕事の顧客は富裕層などのお金持ちです。彼らは購入をすることや欲しい商品をすでに決めているケースが多く、それらをどのように気持ち良く買うかを重視します。

値観が強いタイプには、「仕事が合わない」ことになります。また、「社会貢献」的な価値観が強く、「世の中の資金繰りに困っている中小企業を助けたい」と考えるタイプも、融資審査を通さない銀行本部への不満が高まり、自分が世の中の役に立つことを感じられず、この「仕事は合わない」と感じてしまいがちです。

高級車を売る仕事に求められる価値観

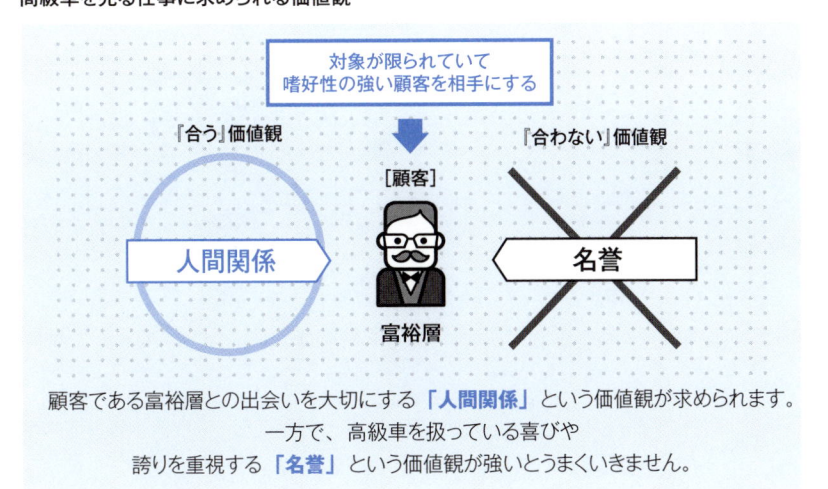

対象が限られていて
嗜好性の強い顧客を相手にする

『合う』価値観 　　　[顧客]　　　『合わない』価値観

人間関係　　　　　　　　　　　　　名誉

富裕層

顧客である富裕層との出会いを大切にする**「人間関係」**という価値観が求められます。
一方で、高級車を扱っている喜びや
誇りを重視する**「名誉」**という価値観が強いとうまくいきません。

3章── 価値観が合うから仕事は楽しい

そのため販売員は、自ら顧客の元に出向き、趣味や嗜好性などを詳しく把握し、商談以外の話題で楽しませる必要があります。「買ってください、お願いします！」などという営業トークは意味がなく、しつこいとかえって嫌われます。

ホテルのコンシュルジュのように顧客の要望や疑問に丁寧に答えながら、「この人は話していても面白いし、役立つ情報も得られる」と思わせなければなりません。一人の顧客とじっくりと「人間関係」を作り、長いお付き合いをしていくことに喜びを感じる人は、この仕事に合っています。

逆に、高級車を扱うことに喜びを感じたり、それを扱う自分が社会的に評価されたいと思ったりする「名誉」の価値観が強すぎると、自らの評価やうんちくばかりを話して、顧客から「車の評価や感想を決めるのは私だ」と疎ましがられ、販売成績が上がりません。

軽自動車販売員に必要な価値観とは

軽自動車やミニバンなどの大衆車を販売する仕事に求められる価値観は、高級車の販売に求められるものと異なります。

軽自動車やミニバンなどの大衆車の顧客は、若年層や小さな子供のいる若い家族です。彼らにとって、車は趣味の乗り物ではなく、移動手段であり、生活必需品です。彼らは購

入にあたって、同じ価格帯の車を比較検討し、家族で合議した上で購入車種を決めます。

販売にあたっては、自宅に訪問するより、ショールームに来てもらい、商品を見て選んでもらう方が効率的です。そのため販売員は、小さな子供が喜ぶゲームや抽選会、綿菓子やおもちゃを配布するイベントなど、ショールームに足を運んでもらえる催し物を企画し、集客することになります。また販売特典やオプションなどによる差別化、他社製品と比較している顧客に対する値引き提案も販売成績を左右する重要な要素です。

そのため大衆車の販売には、イベント企画や効果的なDM・チラシ配布などを考えることが面白いと感じる「創造性」、顧客との値引き交渉などに柔軟に対応する「刺激」の価値観を持つ人に「合う」仕事であることがわかります。

またイベントや整備点検サービスは一人では提供できないので、自分一人で成果を上げたい「自律性」の強い人には、「合わない」仕事かもしれません。

なお求められる「価値観」は、その商品・サービスが法人向けか、個人向けかによっても異なります。一般に、法人向けの商品・サービスでは、価格帯が高額で、提案から納品まで時間がかかり、仕

軽自動車を売る仕事に求められる価値観

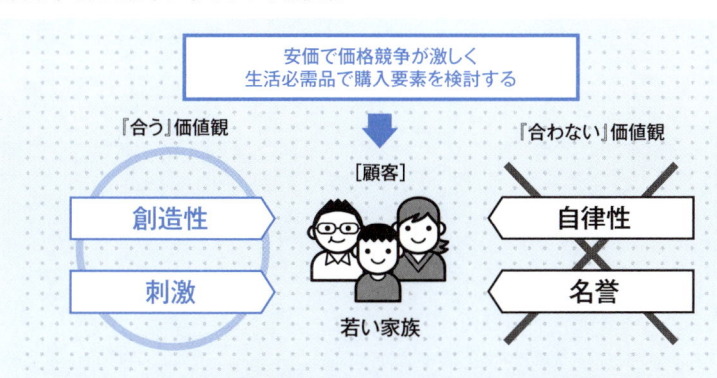

安価で価格競争が激しく
生活必需品で購入要素を検討する

[顧客]
若い家族

『合う』価値観
創造性
刺激

『合わない』価値観
自律性
名誉

若い家族の興味や購入要素を満たすイベントや
商品企画が面白いと思う**「創造性」**や**「刺激」**という価値観が求められます。
一方で、チームより個人で成果を上げたい**「自律性」**や
高級なものを扱う誇りを重視する**「名誉」**という価値観が強い人は向きません。

求められる価値観は社風で変わる

求められる価値観は、実は、会社の「社風」によっても異なります。

「合う仕事」を見つけたら、具体的に就職する会社を選ぶことになりますが、そのときの選択基準として重要なのが、この「社風」なのです。

「社風」と言うと、曖昧でふわふわしているように感じられるかもしれませんが、実は会社による違いは明確に存在します。

「社風」に強い影響を及ぼすのが、その会社の「経営者」とその会社の所属する「業界」です。例えば、銀行の属する金融業界は、社会インフラとしての役割が大きいため、金融

事にかかわる人数が多いため、「人間関係」を重視する価値観が求められます。大きな金額のビジネスをチームで進めたい人には法人向けの商品やサービスを扱う方が向いているかもしれません。

一方、個人向けの商品・サービスでは価格帯が低いものの、やったことがすぐに結果となって現れ、一人で素早く仕事を進められるので「自律性」を重視する人に向いています。個人の裁量で仕事をスピーディに進めたい人は個人向けの商品やサービスを扱う方が良いかもしれません。

（すべての）銀行員に求められる価値観

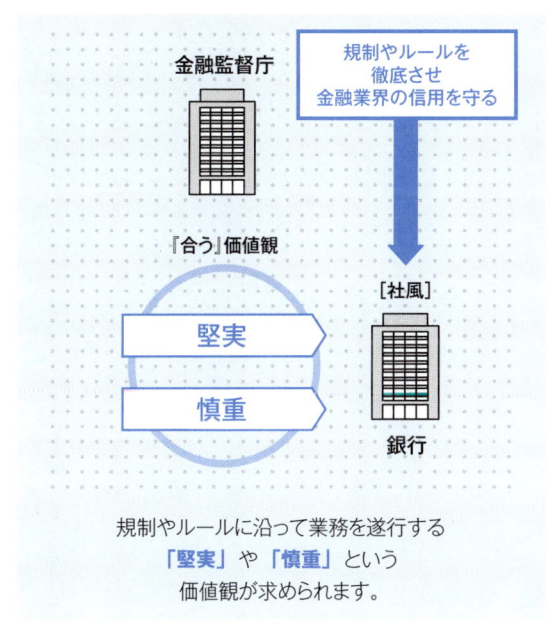

金融監督庁

規制やルールを
徹底させ
金融業界の信用を守る

『合う』価値観

堅実

慎重

[社風]

銀行

規制やルールに沿って業務を遂行する
「堅実」や「慎重」という
価値観が求められます。

庁によって厳しく管理・監視されており、規制やルールに沿ってビジネスを行うことが求められます。

そのため銀行では社風として、「きっちりとして間違えない」価値観を重視します。実際、銀行員は3時以降、その日のお金の収支が1円でも合わないと合うまで計算を繰り返します。「たった1円なら残って作業する人件費の方が高いから、早く帰ろう」とはいかないのです。

ヤフーと楽天で求められる価値観は？

似たような商品・サービスを提供する企業でも、「社風」が異なることも良くあります。

たとえば、「楽天」と「ヤフー」は社風が違うことで有名です。「楽天」は、時間や服装などの規律が厳しく、月曜日の朝礼には少しでも遅れると参加できないと言われています。一方の「ヤフー」は、時間や服装にはそれほど厳しくありませんが、「結果」を出すことが強く求められます。

この違いは、経営としての考え方の違いを強く現しています。「楽天」の創業者である三木谷氏（日本興業銀行出身）は「規律を重視し結果を求める」経営ポリシーを掲げているのに対し、「ヤフー」は米国ヤフーの自由な気質や米国インターネット業界の慣習の影響を受けています。

また同じ自動車業界に属するトヨタとホンダでは、社風がかなり違います。

トヨタは「カイゼン」という言葉に象徴される「業務改善の考え方」が、生産現場だけでなく、営業や人事にまで浸透しています。今までのやり方をつねに見直し、改善を続け、その積み重ねで大きな成果を上げるという考え方で業務が進められるため、「創造性」や「刺激」の価値観が重視されます。

48

楽天とヤフーで働く人に求められる価値観

三木谷社長
（日本興業銀行出身）

スピードと規律を重視し結果を求める

→ [社風] 楽天

『合う』価値観
- 昇進
- 刺激

≠

[社風] ヤフー ← スピードと自由を重視し結果を求める

米国ヤフー
（シリコンバレー）

『合う』価値観
- 創造性
- 刺激
- 多様性

規律が重視され、結果を出すことが求められるために「昇進」や「刺激」という価値観が求められます。

自由だが結果責任が求められ、かつ新しいサービスを生み出すために「創造性」や「刺激」や「多様性」という価値観が求められます。

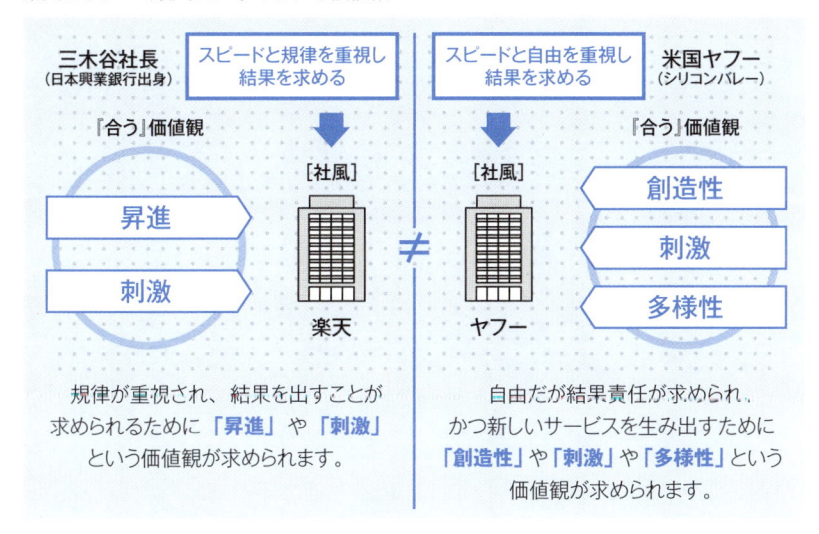

トヨタとホンダで働く人に求められる価値観

トヨタ生産方式
（カイゼンの文化と歴史）

現場重視の姿勢や業務改善を求める

→ [社風] トヨタ

『合う』価値観
- 人間関係
- 創造性

≠

[社風] ホンダ ← 現場重視の姿勢や挑戦を求める

本田宗一郎
（挑戦の思想）

『合う』価値観
- 挑戦
- 創造性

業務改善をチームの協力と工夫で進めるために「挑戦」や「創造性」という価値観が求められます。

誰もやったことのないことをやる、今までにないものを創造するために「挑戦」や「創造性」という価値観が求められます。

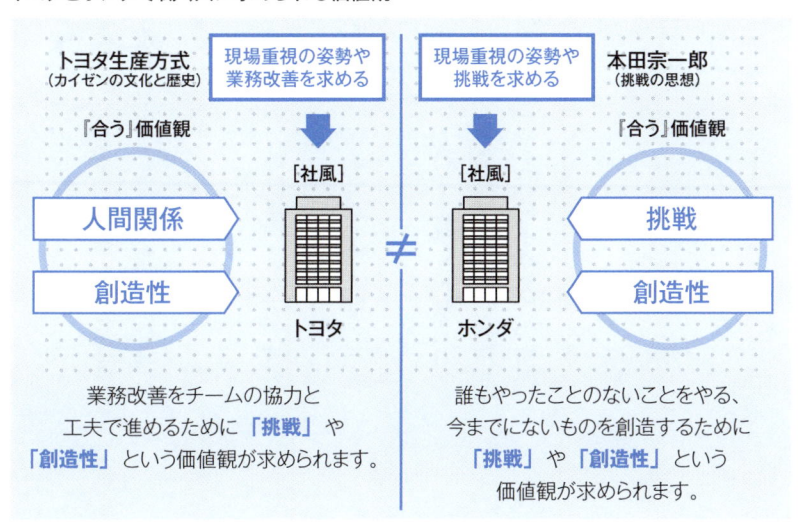

一方、ホンダは創業者である本田氏の遺伝子である「挑戦」の価値観が社風となっています。そして、「世界で一番の2輪メーカーとなる」「4輪レースの世界最高峰であるF1で優勝する」「自動車メーカーとして初めてジェット機を作る」「2足歩行ロボットを作る」など、誰もやったことのないことに対する「挑戦」を体現するような製品が次々と登場しています。

このように社風が違えば、会社が評価するポイント、会社における物事の進め方が変わり、それが価値観の違いとなって現れるのです。

「社風」は一般に、その会社に強い影響を及ぼしているものを詳しく調べれば見えてきます。

ベンチャー企業であれば創業者や社長の「思想」や「価値観」が社風に強く反映されるので、社長の書いた本を読んだり、話を聴いたりして、「共感できるか」を判断材料にするといいでしょう。また規制の厳しい業界であれば、規制の内容やそれによる業界の慣例などを調べてみると、組織の雰囲気がわかるはずです。

4章

成果が出るから仕事は面白い

その仕事と合うかを判断する上で、「価値観」同様に重要なのが、「能力・資質」です。その仕事で必要な能力・資質がなければ成果が出せず、仕事が面白いとは思えません。ここでは、仕事で求められる能力・資質について考えます。

「合う仕事」を選ぶ上で大切なことは、「価値観」以外にはないのでしょうか。

実は、もう1つあります。

それは「成果が出る」こと、すなわち「自分がやることで、その仕事で何らかプラスの結果を残せる」ことです。どんなに「自分の価値観」と一致する仕事で働いても、その仕事で成果が出なければ、評価されませんし、満足できません。

その仕事で「成果が出る」ことは、その仕事と「価値観が合う」こととまったく別のものです。たとえばアップルで製品開発の仕事に就く人には、今までにない先進的で革新的なものを提供する「創造性」が求められますが、「創造性」の価値観を重視する人が必ずしも、創造的な商品やサービスを作れるわけではありません。当たり前のように思えますが、これをきちんと理解していない人がたくさんいます。

では、どうすれば成果が出るのでしょうか。

それには、顧客を満足させるための「能力・資質」が必要になります。逆に言えば、どんなにその仕事を頑張っても、顧客が満足しなければ成果が出たことにならないのです。

ここでは、「成果が出る」ために必要となる能力・資質について考えていきましょう。

「成果が出る」ことの意味と例

「成果が出る」 = 「仕事を行う上で、顧客が高く評価して満足する商品やサービスを提供できる能力・資質がある」

仕事によって、求められる能力・資質は異なります

ホテルのスタッフの仕事で成果が出る	証券会社の営業の仕事で成果が出る
=	=
状況把握力、傾聴力	積極性

52

成果が出ない仕事は続かない

有名私立大学社会学部のT君とは、私がリクルートの採用担当だったときに出会いました。

T君は、映画が大好きで「映画の仕事」にあこがれていました。1年に300本以上の映画を観ており、彼と映画の話をすると本当に楽しそうに語ってくれます。映画に対する知識は映画評論家顔負けで、映画の評価を聞くと、興味深い意見が色々と聞けました。

そんなT君は、「僕は本当に映画が好きで、映画に関わる仕事ができるなら、給与が低くても構わない」と語っていました。そして、映画会社を片っ端から受け続け、見事、大手映画配給会社から内定をもらったのです。彼が内定の報告をしてくれたときのうれしそうな顔が今でも思い出されます。

しかし、入社してしばらくたったころ、T君から「相談したいことがあるので会ってほしい」と言われました。聞いてみると、「転職をしたいので相談に乗ってほしい。今の仕事は自分に合わない」と言うのです。

映画会社に入社したT君は、営業部に配属されました。仕事は、クライアントに自社が配給する映画を売り込んで、スポンサーになってもらうことです。でもT君は、「自分が好きでもない映画をクライアントに売り込むのは苦痛です。売上目標を追いかけたり、数字で競争させられたりするのも苦手で」と、営業的な仕事はまったく向いていないことに

53　4章——成果が出るから仕事は面白い

気づいたと言うのです。

たしかに私も、T君のことを「何かを突き詰めたり、物事を深く考えたりすることは得意だけど、考えながら動いたり、時にはまず行動してみてから考える仕事には合っていない」と感じていました。

そして「映画が好きでこの会社に入ったのですが、映画ファンとして映画に関わるのと、ビジネスとして映画を扱うのはまったく違うことがわかりました。ビジネスとして儲かるように映画を扱うことは自分にはできません」と語っていました。

ファンとして映画と関わるのであれば、自分の感じるままに評論するだけで問題ありませんがビジネスとして収益を上げる立場で映画と関わる場合、その仕事で成果を出すことが求められます。

そうです。T君は、映画好きではあっても、映画会社の営業の仕事とは合わなかったのです。

仕事で求められる代表的な能力・資質

「成果が出る」ためには、顧客を満足させる「能力・資質」が必要になりますが、それは、「価値観」と同様に、顧客によって変わってきます。

たとえば、ホテルや旅館のホールスタッフや仲居さんには、宿泊客が何を望んでいるかを理解する「状況把握力」や「傾聴力」が必要です。一方、証券会社の営業職で、個人相手に新規開拓する場合には、「積極性」が求められます。

ホテルや旅館の宿泊客は、ホールスタッフや仲居さんに「積極性」を求めてはいません。「積極性」が強すぎると、顧客は何か押し売りされているような気持ちになり不快に感じるからです。しかし証券会社の個人向け営業で「状況把握力」や「傾聴力」が強いと、営業先の顧客に断られたとき、すぐに諦めてしまい、売上が上がりません。

このように、顧客によって仕事で求められる「能力・資質」もまた多種多様なのです。EI理論では、仕事で「成果が出る」ための「能力・資質」を次頁の表のように分類しています。

「能力・資質」は、社会人として求められる「基礎素養」、仕事を行う上で必要な「業務遂行力」、顧客との関係を構築する「対人関係能力」で構成されています。

仕事に求められる「能力・資質」は「顧客」だけでなく、「商品やサービス」そしてその会社の「社風」によって求められるものが異なります。その理由と具体的な例を次に見ていきましょう。

55　4章——成果が出るから仕事は面白い

EI理論で定義される、仕事で求められる主要な「能力・資質」

	項目名	解説コメント
基礎素養	自己コントロール	自分のネガティブな感情や行動をコントロールする能力
	積極性	状況や人などに肯定的かつ能動的に対処する姿勢
	責任感	やるべき任務や義務を重要に思う姿勢
	主体性	周りに頼らず自主的に仕事に臨む姿勢
	挑戦精神	自分の限界を超えようとする意欲と意思
	創造力	新しい発想や価値を創ったり、新領域を開拓できる能力
	実行力	問題があっても挫折せずに目標を果たそうとする能力
業務遂行力	課題発見力	現状を分析して目的と課題を捜し出す能力
	習得力	知識や業務を受け入れて習得する能力
	状況把握力	状況を客観的に観察して判断する能力
	計画力	目標達成のための効果的な遂行計画を作る能力
	問題解決能力	問題の解決策を探し、比較・検討し、解決する能力
	ストレス対処力	ストレスに対する対処能力の程度
	専門性	仕事に対する専門性を志向する程度
対人関係能力	開放性	相手に心を開いて、相手の心も開くようにする性質
	傾聴力	相手の立場で相手の意見を傾聴しようとする性質
	柔軟性	意見や立場の違いを柔軟に理解する性質
	コミュニケーション能力	会話を通じて意見を伝達、認識する能力
	働きかけ力	目標や目的を共有して互いを励まし、能動的に導いていく能力
	対人関係力	人々との関係を重要に思う程度

銀行マンに必要な能力・資質

では、顧客が求める「能力・資質」を、3章同様、銀行の法人営業を例に考えてみましょう。

法人営業の「顧客」は前述のように、中小企業の経営者、社内の上司、銀行本部の審査部門など複数存在するので、1つひとつ見ていきます。

まず中小企業の経営者を満足させるには、経営者の思いや会社の状況をしっかりと聞くための「傾聴力」が必要となります。また経営者に「自分の会社の技術や商品・サービスを高く評価している」と伝えるための「コミュニケーション能力」も重要です。一方で、中小企業は一般に、資金繰りが厳しく、財務体質が弱いので、融資が不可能となるケースも珍しくありません。そのため、お金を借りたい経営者と上司や審査部門の板挟みになりつつも、粘り強くあきらめずに機会をうかがう「自己コントロール」が必要です。

また社内の「顧客」である上司や審査部門を説得するには、上司や組織のパワーバランスやタイミングを見極める「状況把握力」、複雑な社内の人間関係を理解しながら説得する「働きかけ力」が必要

銀行の法人営業に求められる能力・資質 1

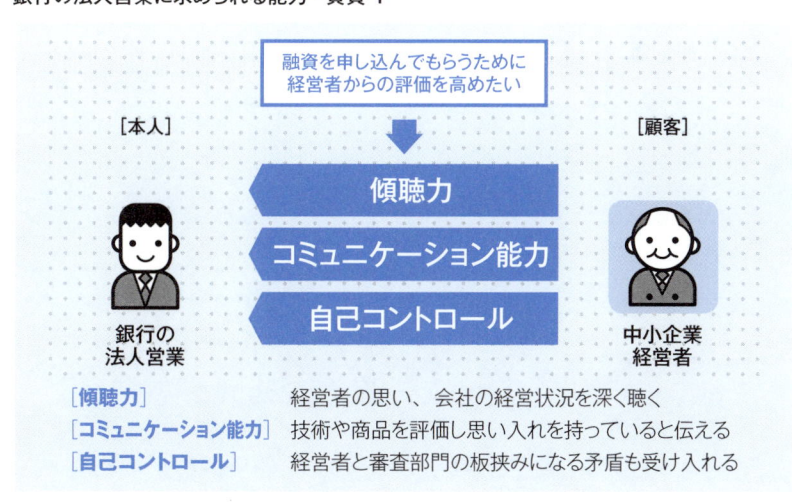

融資を申し込んでもらうために経営者からの評価を高めたい

[本人] 銀行の法人営業 → 傾聴力 / コミュニケーション能力 / 自己コントロール → [顧客] 中小企業経営者

[**傾聴力**] 経営者の思い、会社の経営状況を深く聴く
[**コミュニケーション能力**] 技術や商品を評価し思い入れを持っていると伝える
[**自己コントロール**] 経営者と審査部門の板挟みになる矛盾も受け入れる

になります。

そして、これらすべての顧客に対して、それぞれの事情を理解してもらいながら関係性を作り上げ、「互いにとって将来的なメリットがあることを理解させる」という難しいやり取りに耐える「ストレス対処力」も必要になってくるのです。

扱う商品が能力・資質を決める

「能力・資質」もまた、「商品・サービス」によって変わってきます。

「アパレルショップでの販売の仕事」を例に考えてみましょう。アパレルショップでの販売の仕事は、扱う商材によって求められる能力・資質が異なります。ルイ・ヴィトンやエルメスなどで高級ブランド品を売る仕事と、ユニクロやZARAなどでカジュアルウェアを売る仕事では顧客が異なるからです。

1個が何十万円、数百万円もする高級ブランドバッグを購入するのは、富裕層の女性です。彼女たちは、「鞄」を単なるモノを運ぶための入れ物として購入するわけではありません。「私は何百万円もす

銀行の法人営業に求められる能力・資質2

リスクを避け、確実かつ社内規律に沿って、企業審査を遂行したい

[本人] 銀行の法人営業 → 状況把握力 / 働きかけ力 / ストレス対処力 ← [顧客] 銀行本部審査担当

- [状況把握力] 上司や組織のバランスを見極めて審査を進める
- [働きかけ力] 担当する中小企業と付き合うメリットを理解してもらう
- [ストレス対処力] 経営者や審査本部との難しいやり取りにも耐えられる

るエルメスのバーキンを持つに値する女性であると感じる、または他の人からそう思われる喜び」があるから、その「価格」に「値する」と感じているのです。

そのため高級ブランドの販売員は、顧客に「自分が選ばれた人間であることを感じさせてくれる」存在でなくてはなりません。当然、顧客がショップに来たときには大切に迎え入れ、好みや欲しいものを丁寧に聴き、服やアクセサリーの趣味・嗜好を見ながらそのセンスや選択眼を褒め、そして「その服やアクセサリーと合わせるならこの商品が良い」と提案しなくてはなりません。

そこではまず、顧客の話を聴き褒める「傾聴力」、いくつもの商品を顧客に見せて気に入ったものが見つかるまで我慢強く付き合う「自己コントロール」などが求められます。そして商品の購入を考えているのか、意見を求めているのかを見極める「状況把握力」、気むずかしい顧客と職場の（女性の）同僚に対する気遣いが求められるので「ストレス対処力」も必要になります。

このように高級ブランドショップで販売の仕事に求められる能力・資質は、「傾聴力」「自己コントロール」「状況把

高級ブランドを売る仕事に求められる能力・資質

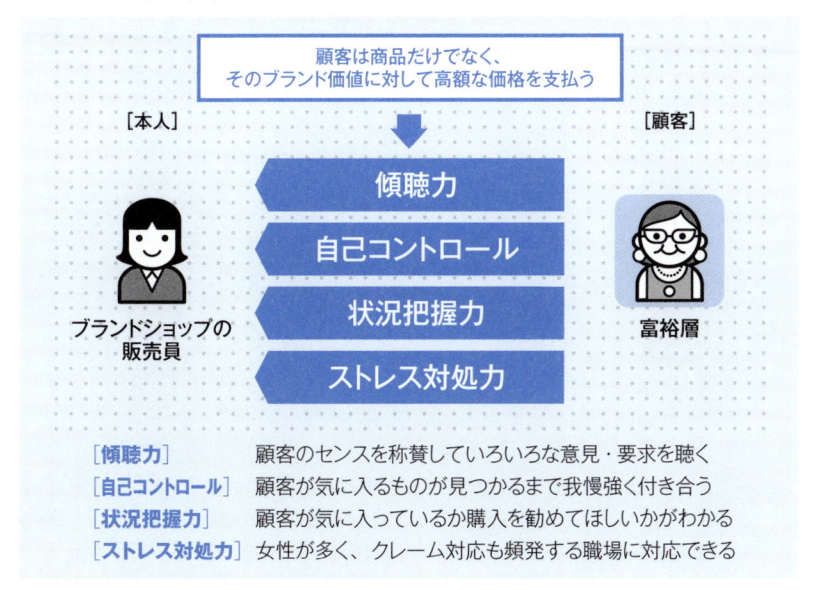

顧客は商品だけでなく、そのブランド価値に対して高額な価格を支払う

[本人] ブランドショップの販売員

傾聴力
自己コントロール
状況把握力
ストレス対処力

[顧客] 富裕層

[傾聴力]　　　　顧客のセンスを称賛していろいろな意見・要求を聴く
[自己コントロール]　顧客が気に入るものが見つかるまで我慢強く付き合う
[状況把握力]　　　顧客が気に入っているか購入を勧めてほしいかがわかる
[ストレス対処力]　女性が多く、クレーム対応も頻発する職場に対応できる

社風が能力・資質を決める

握力」「ストレス対処力」などになります。

これに対し、カジュアルウエア（ファストファッション）を売る仕事は、安くて流行を取り入れた商品を大量にそろえて、大勢の顧客に素早く対応しなければなりません。数多くの仕事をこなすための「実行力」、それら大量の商品アイテムを覚えて陳列するための「習得力」が必要です。またカジュアルな服を買いに来る顧客は明るくフレンドリーで親しみやすい対応を求めているので、「開放性」や「対人関係力」も求められるでしょう。

一定規模以上の会社には、通常、「求める人物」や「評価基準」が存在しますが、それ以外にも、「社風」によって必要な「能力・資質」が決まってきます。

「楽天」のように「規律を重視し結果を求める」社風であれば、規律ある行動や計画に基づいて成果を出す力が求め

ファストファッションを売る仕事に求められる能力・資質

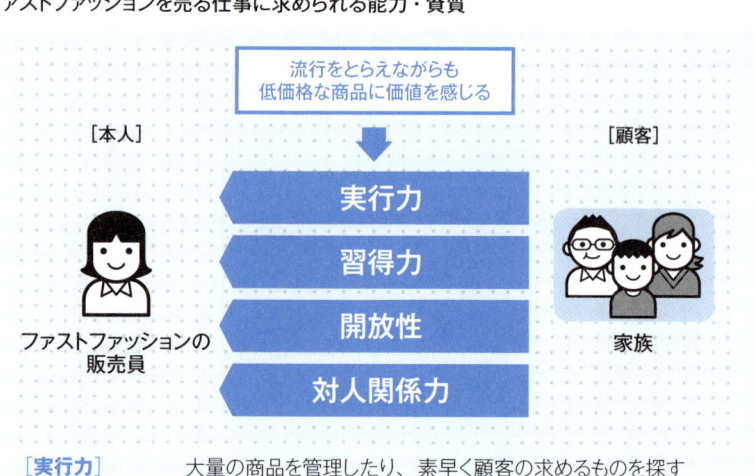

[本人] ファストファッションの販売員 → 流行をとらえながらも低価格な商品に価値を感じる → [顧客] 家族

- 実行力
- 習得力
- 開放性
- 対人関係力

[実行力]　大量の商品を管理したり、素早く顧客の求めるものを探す
[習得力]　流行に合わせて、大量に生産される商品知識や特徴を覚える
[開放性]　顧客に明るく接し、いつでも声をかけやすい対応をする
[対人関係力]　顧客との距離をなくして、フレンドリーに接する

られます。したがって、やるべき任務や義務を重要に思う「責任感」、目的達成のための周到な計画と遂行の「計画力」などが必要になってくるのでしょう。一方、ヤフーのように「自由を重視し結果を求める」社風の場合、試行錯誤しながら新しい価値を生み出す「創造力」、意思決定やルールがつねに変化していくことに対応できる「柔軟性」が求められます。

たとえば、規律を守らず、時間にルーズ、ビジネスマナーや服装はきっちりとしていないものの、大きな売上や成果を出す人は、「楽天」ではあまり評価されないかもしれませんが、ヤフーでは高評価につながる可能性が高くなります。

またトヨタ自動車のように「現状に満足せず課題を発見し改善し続ける」社風であれば、何か問題はないかをつねに考える習慣である「課題発見力」そしてその課題を粘り強くチームで協力して解決していく「問題解決力」が重要になります。

一方、ホンダのように「今までにないものを世の中につくりだし挑戦を続けていく」社風の場合、失敗を恐れず新しいものを生み出す「挑戦精神」、そしてそれにつながる「創造力」が求められる「能力・資質」になります。

このように社風によって、そこで成果が出せる人の「能力・資質」は変わってくるのです。

楽天とヤフーで働く人に求められる能力・資質

三木谷社長（日本興業銀行出身）　スピードと規律を重視し結果を求める　→　[社風]　楽天

求められる能力・資質：**責任感**、**計画力**

≠

米国ヤフー（シリコンバレー）　スピードと自由を重視し結果を求める　→　[社風]　ヤフー

求められる能力・資質：**創造性**、**柔軟性**

やるべき任務や義務を重視する**「責任感」**、目的達成に向けた周到な**「計画力」**が求められます。

試行錯誤しながら新しい価値を生み出す**「創造性」**、頻繁に変化する意思決定やルールに対応する**「柔軟性」**が求められます。

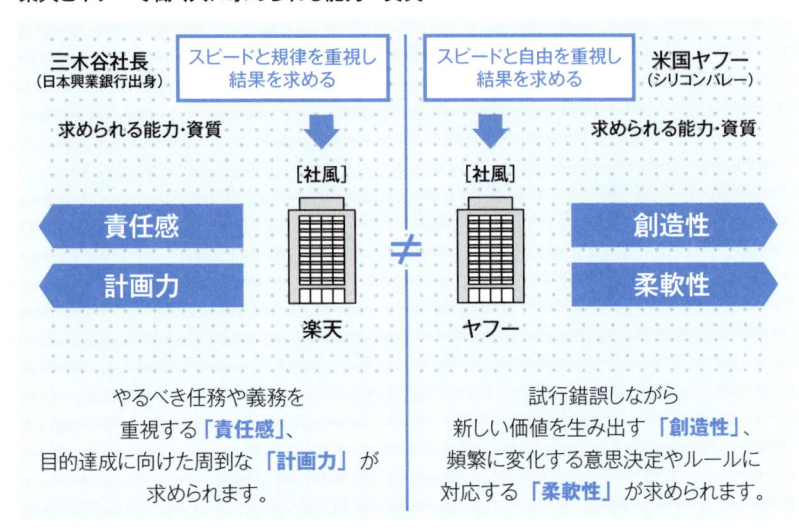

トヨタとホンダで働く人に求められる能力・資質

トヨタ生産方式（カイゼンの文化と歴史）　現場重視の姿勢や業務改善を求める　→　[社風]　トヨタ

求められる能力・資質：**課題発見力**、**問題解決力**

≠

本田宗一郎（挑戦の思想）　現場重視の姿勢や挑戦を求める　→　[社風]　ホンダ

求められる能力・資質：**挑戦精神**、**創造力**

現場に何か問題はないかつねに考える**「課題発見力」**、発見した課題を粘り強くチームで協力して解決する**「問題解決力」**が求められます。

失敗を恐れずに行動する**「挑戦精神」**、今までにないものを生み出す**「創造力」**が求められます。

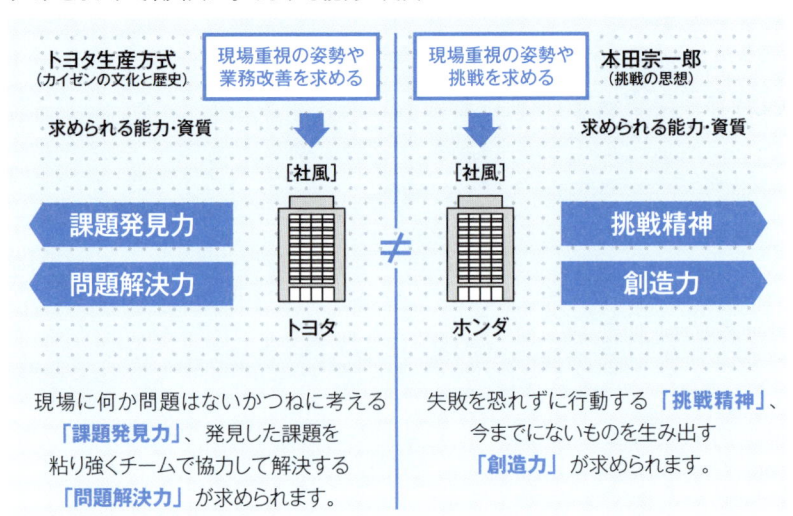

5章

ビジネスモデルから仕事を考える

「価値観」や「能力・資質」を決める「顧客」「商品・サービス」「会社（社風）」は、実際のビジネスではつながっています。この一連の流れは「ビジネスモデル」と呼ばれており、ビジネスモデルの理解が仕事の理解につながります。

4章までで、「仕事」には社内外に様々な「顧客」が存在し、その顧客によって求められる「価値観」や「能力・資質」が決まること、価値観や能力・資質は「顧客」だけでなく「商品・サービス」や「会社（社風）」によっても異なることを見てきました。

実は、この「顧客」「商品・サービス」「会社（社風）」の関係は、実際のビジネスでは「どのような顧客に、どのような商品やサービスを、どのような会社（社風）で」提供していくか」という形で、1つの流れになっています。

外からはぼんやりとしか見えないビジネスでも、この流れに注目することで、商品・サービスを提供していくにあたって、必要となる仕事、そのために必要となる会社の文化（社風）が見えてきます。

たとえば、携帯電話のビジネスにおいて、一般の人が接するのは主に「携帯ショップ」ですが、実はサービスを提供するにあたり、通信設備の設置、通信技術の開発、あるいは携帯電話上での新しいサービスやコンテンツの提供など、様々な仕事が必要になります。そして、このそれぞれの仕事を行っているのが、職種なのです。

この一連の流れは、一般に「ビジネスモデル」と呼ばれています。つまり、ビジネスモデルがわかれば、その会社や仕事のことがわかるわけです。

ここでは、ビジネスモデルの視点から仕事を考えていきましょう。

ビジネスモデルの構成要素

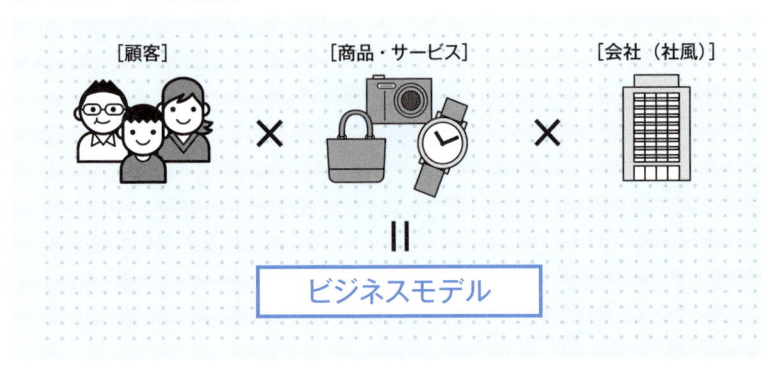

[顧客] × [商品・サービス] × [会社（社風）]

＝ ビジネスモデル

スーパーバイザーの仕事を考える

では、皆さんも日頃お世話になることの多いコンビニエンスストアのビジネスモデルに注目して考えてみましょう。

「コンビニエンスストアの事業会社に入社したら何をやることになると思うか」と学生に聞くと、ほとんどの人が「店舗運営」と答えます。本当にそうでしょうか。

コンビニエンスストアに就職すると、確かに当初は、現場を知るために店舗運営を経験することになります。しかしその後、多くの人は「スーパーバイザー」という職種に就きます。ではスーパーバイザーにとっての「顧客」は誰でしょう。「店舗に商品を買いに来る人」と答える人も多いかもしれませんが、実は、それだけではありません。

そもそもコンビニエンスストアの店舗の多くは、「フランチャイズ」方式で運営されており、その場合、店舗の経営母体はコンビニ本体ではなく、「オーナー」と呼ばれる個人事業主あるいは別会社です。

オーナーはお金を出してフランチャイズの権利を購入することで、数千点にも上る商品供給を受けたり、大手宅配便事業者や各種ライセンス事業者のサービスを受けたりすることが可能になります。また、「スーパーバイザー」や情報システムを通じて、売筋商品の情報、天気・季節に応じた販売実績や仕入予測など、店舗運営に役立つ情報が得られ、店

舗の広告宣伝なども、コンビニ本部が実施してくれます。

このようにコンビニのビジネスでは、店舗が儲かるためのノウハウやデータ、新商品や売筋商品、信用やブランドといった「商品・サービス」を、オーナーという「顧客」に提供する対価として、コンビニエンスストア（本部）という「会社（社風）」が売上の数％をロイヤリティとして徴収しているのです。

そう考えると、コンビニ本部で働くスーパーバイザーにとって、店舗へ来店するお客様だけでなく、オーナーも大切な「顧客」になります。また、スーパーバイザーの仕事は「オーナー店舗へのノウハウ供給や経営指導」であり、「店舗運営」よりもむしろ「経営コンサル」に近いことがわかります。

マーチャンダイザーの仕事を考える

コンビニ本部の仕事には、「スーパーバイザー」以外にも、「オーナーの募集・店舗開発」、全国の店舗に商品を供給するための「商品開発」「物流」「材料確保」※などがあり、それぞれスーパーバイザー同様、「食品メーカー」「宅配便事業者」「ライセンス事業者」といった外部の「顧客」、あるいは内部の「顧客」とつながりを持っています。

今度は、コンビニのビジネスモデルから「商品開発」の仕事を考えてみましょう。

［※］コンビニで提供するおにぎりだけでも、新潟県全土の供給量に匹敵するお米が必要になります。

「マーチャンダイザー」と呼ばれるコンビニの商品開発担当者は、自社店舗に置く商品を開発するだけに留まらず、百貨店などにおける「仕入れ担当者（バイヤー）」のように、材料の仕入れや商品の販売まで責任を持っています。そのためその仕事には、全国の店舗に供給するための生産ラインの確保、店舗での販売戦略の立案も含まれてます。

マーチャンダイザーは、通常、まず「どのような顧客にどのようなものが好まれているか」「いま何が売れているか」などを調べ（マーケット分析）、そこから商品コンセプトを考えて、具体的な商品へと落とし込みます。

たとえば、コンビニに来店の少ない高齢者の女性をターゲットにしてお弁当を開発するのであれば、健康志向からターゲットには根菜が好まれているという調査に基づき、「旬の根菜を使ったヘルシー弁当」というコンセプトを作り、メニュー開発担当に指示を出して、コストと分量のバランスも考慮した具体的な弁当のプランを作り上げるわけです。

マーチャンダイザーは、プランに基づいて作った試作品のお弁当をターゲットユーザーに実際に試食してもらい、その結果をレポートにまとめます。そして、これらすべての情報を企画書にまとめ上げて、商品とともに会社の「商品化会議」にかけ、会議の場で取締役や部長の承認を受けてはじめて、商品化に向けて具体的に動き出すのです。

まずは「全国１万店の店舗に弁当を供給するための材料の仕入先」を原材料

コンビニの商品開発の役割

| マーケット分析 | 商品企画 | 原料調達 | 製造 | 品質管理 | 仕入物流 | 販促 | 販売 |

食品メーカーの商品開発　　　　百貨店のバイヤー

コンビニの商品開発（マーチャンダイザー）

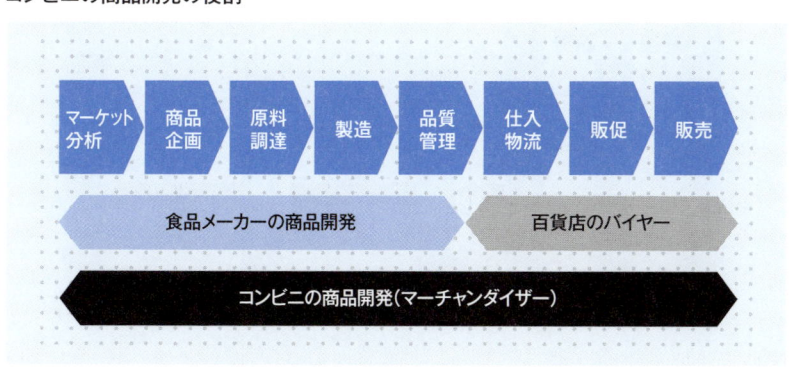

メーカーに確認を取り、「資材調達担当」に「製造委託先の工場」を確認します。さらに、製造委託先の工場から出来上がってきた試作品の品質が要求水準に達しているかを「品質管理」にチェックしてもらい、「物流事業者」に対して物流ラインを確保してもらうよう依頼します。

一方で、お弁当商品の商品名やキャッチコピー、テレビCMや店頭POPやパッケージデザインについて広告宣伝部門と相談し、商品名が商標登録されていないかを法務部に確認して、ようやく店頭での販売にこぎつけるのです。

「マーチャンダイザー」の仕事では、「1万店に供給可能な材料の調達が不可能」「採算が合わない」「安定した品質維持が難しい」「商品化会議で取締役のOKが出ない」など、商品化までに様々なハードルが存在し、多岐に渡る部門と丁寧に粘り強く交渉することが求められます。

このように1つの「仕事」は、他の様々な「仕事」と密接な関係を持ち、つながっているのです。

コンビニの商品開発の仕事

消費者	メニュー開発者	経営層	原材料メーカー	資材調達担当	品質管理担当	物流事業者	スーパーバイザー
マーケティング調査	商品企画	商品化提案	原料調達	生産ライン確保	大量生産試作検品	物流ライン確保	店頭販売
			価格・品質交渉	納期・価格交渉	品質チェック	納期・価格交渉	
				宣伝担当	法務担当		
				広告・販促企画	法務確認		
モニター調査	商品試作	商品化のプレゼン		パッケージ・販促物作成	商標チェック		売れ行き・反応確認

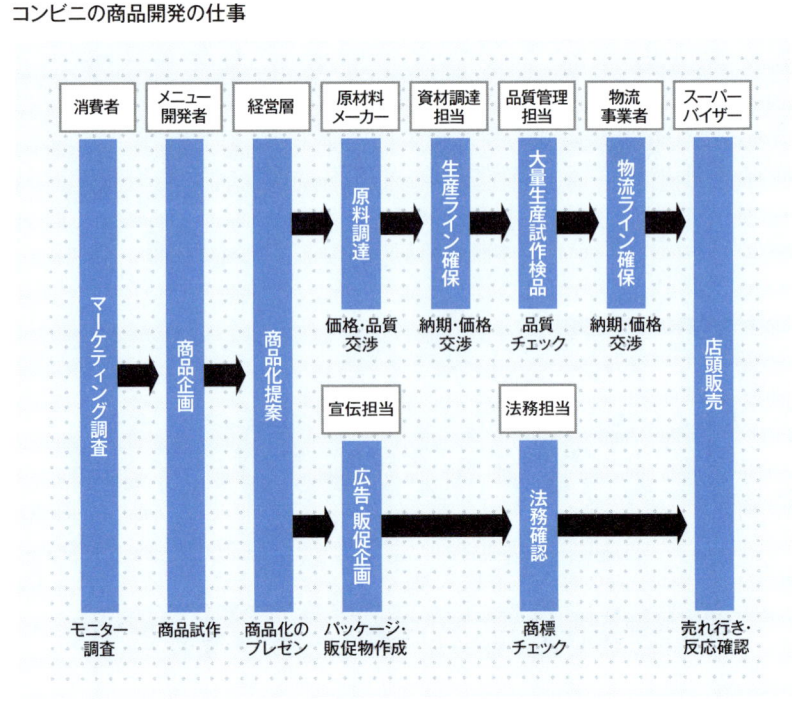

68

して、「誰が顧客になるか」「どのような商品やサービスを提供するか」「どんな方法で提供するか」という、ビジネス上のつながりの全体像が、コンビニのビジネスモデルなのです。

会社をばくぜんとながめているだけではわからなかった「仕事のイメージ」が、「ビジネスモデル」に注目することで、仕事と、それぞれの仕事で求められる価値観と能力・資質が具体的に見えてくるはずです。

ビジネスモデルは、すべての業界・会社に存在します。

たとえばメーカーであれば、新商品の基礎技術を研究する「基礎研究」、基礎技術を使って今までにない商品を開発する「商品開発」、新商品をどんな市場でどのように販売するか調査・企画する「マーケティング」、販売ルートを開拓して実際に営業をする「営業」、販売後の問い合わせに対応する「アフターサービス」などがつながることで、

コンビニエンスストアのビジネスモデル

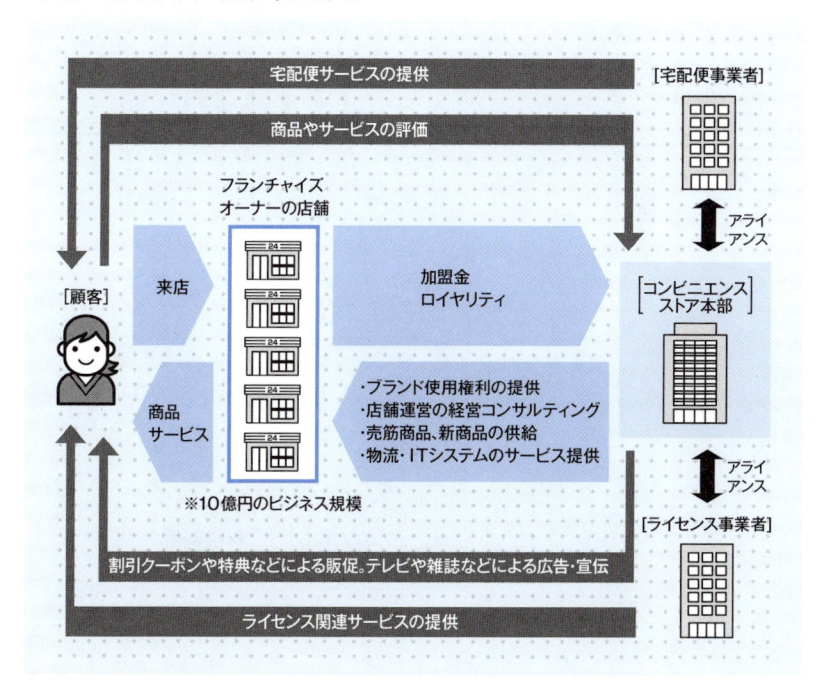

```
宅配便サービスの提供 ───────────→ [宅配便事業者]
商品やサービスの評価
                              ↕ アライアンス
         フランチャイズ
         オーナーの店舗
[顧客] 来店 →              → 加盟金  → [コンビニエンス
                            ロイヤリティ   ストア本部]
      商品                ・ブランド使用権利の提供
      サービス            ・店舗運営の経営コンサルティング
                          ・売筋商品、新商品の供給
                          ・物流・ITシステムのサービス提供
      ※10億円のビジネス規模
                              ↕ アライアンス
割引クーポンや特典などによる販促、テレビや雑誌などによる広告・宣伝
                                 [ライセンス事業者]
ライセンス関連サービスの提供 ───────────→
```

1つの会社として顧客に商品・サービスを提供しているのです。

商品・サービスを提供するということは、顧客に「価値」を提供するということです。その意味で、ビジネスモデルとは「価値創造のプロセス」と考えることができ、その1つひとつのプロセスを担っているのが、様々な仕事なのです。

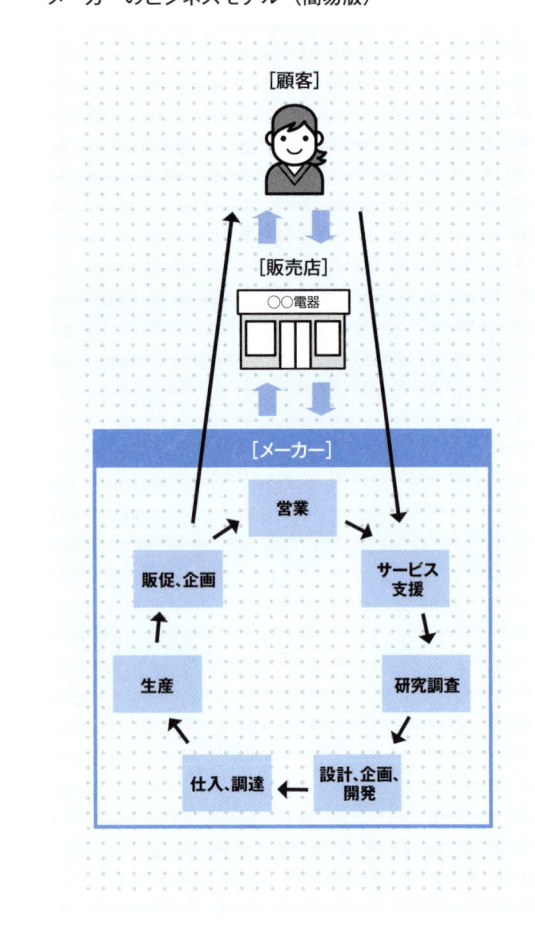

同じ業界でも異なるビジネスモデル

ビジネスモデルに着目すると、同じように見える「業界」や「会社」が、まったく違う価値を提供することで収益を上げていることがよくわかります。

メーカーのビジネスモデル（簡易版）

[顧客]

[販売店]
○○電器

[メーカー]
営業 → サービス支援 → 研究調査 → 設計、企画、開発 → 仕入、調達 → 生産 → 販促、企画 → 営業

たとえば、「邦銀＝日本の銀行」と「外銀＝外資系の銀行」は、同じ銀行であっても、まったくビジネスモデルが異なります。

「日本の銀行」は、収益の6割以上が企業や個人への貸付金利（資金運用収益）であり、利益率は1～3割程度で、多くが日本国内のビジネスとなります。一方、「外資系の銀行」の主要な収益源は、企業債権（社債）の発行・販売、M&A仲介、短期金融市場での運用といった業務であり、利益率が高く、基本的にグローバルに展開しています。

日本の銀行のビジネスモデルにおいて重要なのは、国内に多くの店舗を展開し、預貯金を集め、その資金を幅広く融資することであり、顧客は銀行に預貯金を預ける個人と銀行から融資を受ける企業です。店舗での営業活動のために多くの人員を必要とするため、主に新卒学生で大量採用します。

一方、資金運用、資金調達、買収のアレンジといったサービスを提供する外資系の銀行の顧客は、資金需要や成長意欲の高い企業、あるいは富裕層や機関投資家であり、リスクを取りながら高収益を狙うモデルなので、社員は少数精鋭で、採用も経験者が中心となり、専門知識や経験のない新卒学生はほとんど採用しません。当然、求められる価値観や能力・資質はまったく違ってきます。

5章——ビジネスモデルから仕事を考える

邦銀で求められる価値観と能力・資質

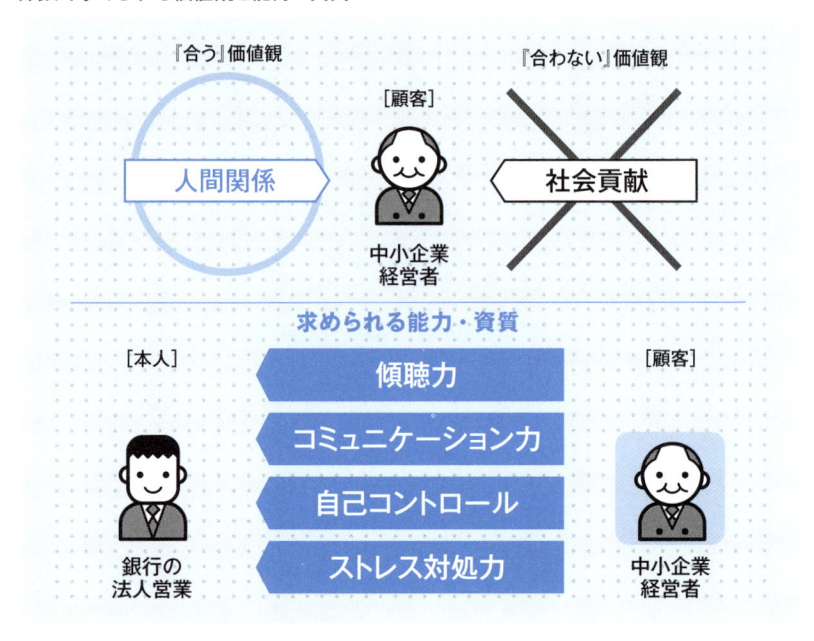

『合う』価値観：人間関係
[顧客] 中小企業経営者
『合わない』価値観：社会貢献

求められる能力・資質
- 傾聴力
- コミュニケーション力
- 自己コントロール
- ストレス対処力

[本人] 銀行の法人営業
[顧客] 中小企業経営者

外銀で求められる価値観と能力・資質

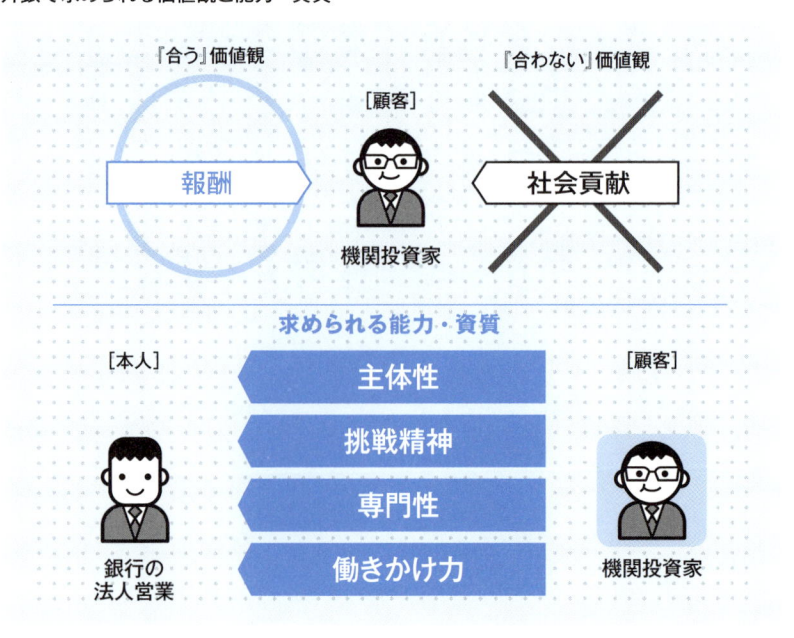

『合う』価値観：報酬
[顧客] 機関投資家
『合わない』価値観：社会貢献

求められる能力・資質
- 主体性
- 挑戦精神
- 専門性
- 働きかけ力

[本人] 銀行の法人営業
[顧客] 機関投資家

72

ビジネスモデルは時代で変化する

インターネットの登場で、様々な業界において新しいビジネスモデルの企業が登場しましたが、そうした企業で求められる価値観や能力・資質は、旧来型の企業と異なります。

たとえば旅行業界では、近年、格安航空券とホテルを一括購入することで安く仕入れ、インターネット上で顧客に販売するビジネスモデルの旅行代理店が急速に増えました。こうした企業の顧客は、若く、旅行に高額な費用をかけられない人々がほとんどで、安価な価格設定と旅行日程の自由度から人気を得ています。

一方、旧来型の大手旅行代理店は、ツアー企画の内容に工夫し、添乗員付きで安心感を担保したパックツアーが主力商品です。旧来型代理店の顧客の多くは、年齢層の高い裕福な人々、あるいは農協や労働組合などの団体であり、販売手法も窓口での対面による個別相談・提案モデルが中心です。

どちらも同じ旅行代理店でありながら、顧客もビジネスモデルもまったく異なります。このように、ビジネスモデルが異なれば、当然、仕事内容も、求められる「価値観」「能力・資質」も違ってくるのです。

6章以降では、「製造業」「流通業」「金融業」「情報通信業」「サービス業」「バックオフィス」といった業界・部門に存在する職種について、その仕事の顧客と、求められる価値観や能力・資質を見ていきます。

格安ツアー・個人旅行中心の旅行代理店で求められる価値観と能力・資質

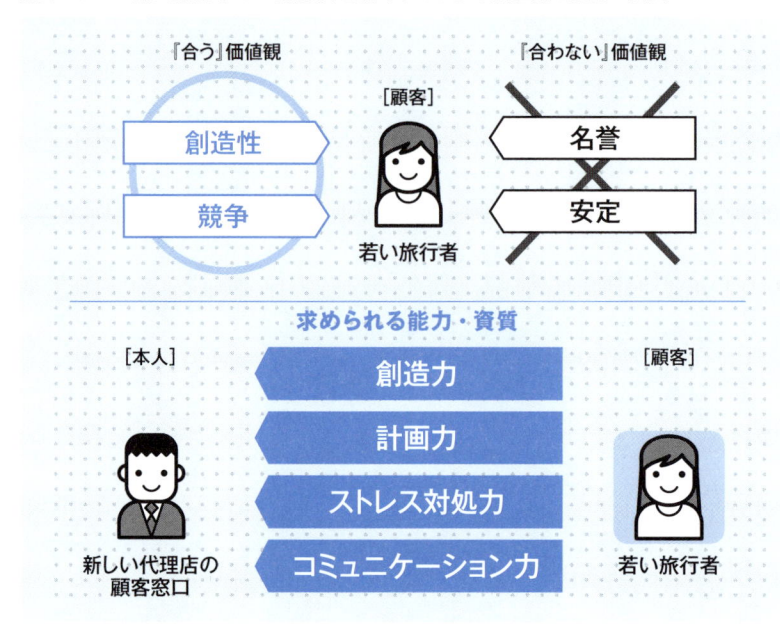

『合う』価値観
- 創造性
- 競争

[顧客] 若い旅行者

『合わない』価値観
- 名誉
- 安定

求められる能力・資質

[本人] 新しい代理店の顧客窓口

- 創造力
- 計画力
- ストレス対処力
- コミュニケーション力

[顧客] 若い旅行者

旧来型の旅行代理店で求められる価値観と能力・資質

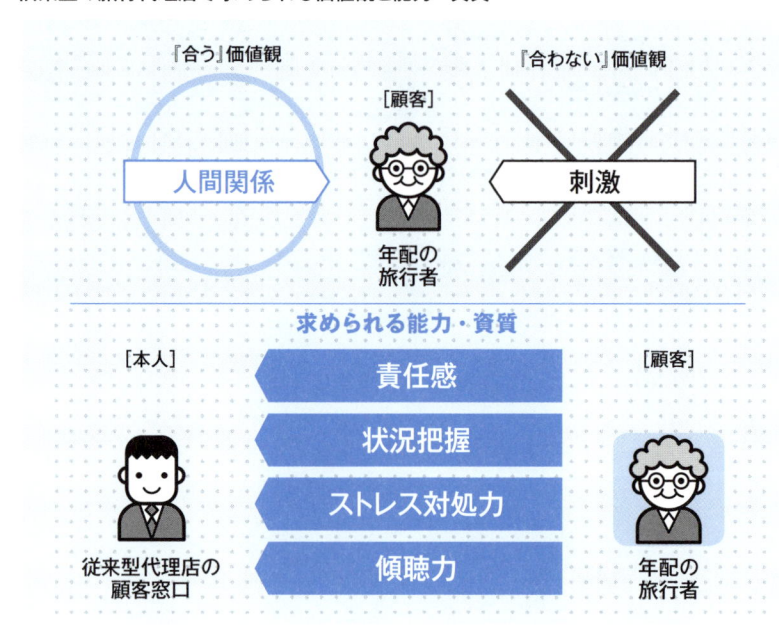

『合う』価値観
- 人間関係

[顧客] 年配の旅行者

『合わない』価値観
- 刺激

求められる能力・資質

[本人] 従来型代理店の顧客窓口

- 責任感
- 状況把握
- ストレス対処力
- 傾聴力

[顧客] 年配の旅行者

6章

製造業の仕事

製造業は、食品や化粧品、家電や自動車といった私たちが日常的に使っているものから、鉄鋼や繊維、半導体やケーブル、医療機器や工作機械といった企業が使うものまで、様々なものを製造することで、収益を上げています。

製造業は、「耐久消費財メーカー（自動車、家電、カメラ、住宅など）」や「生活用品メーカー（食品、医薬品、化粧品、アパレルなど）」といった消費財メーカーと、「原料・資材・部品メーカー（鉄鋼、化学、繊維、半導体など）」や「機器・機械・設備メーカー（医療機器、工作機械、建設機械、造船など）」といった産業財メーカーに分類することができます。

製造業のビジネスモデルは、「研究」→「開発」→「調達」→「生産」→「営業」→「販促」→「販売」→「サポート」というプロセスで構成されています。それぞれ、「研究」では製品のシーズとなる材料や技術を作り、「開発」では要素技術や素材で製品を開発し、「調達」では製品の生産に必要な原材料や部品を調達し、「生産」では実際の製品生産を行います。

「営業」は消費者向けと企業顧客向けに分かれ、消費者向けでは様々な販売チャネルを通じて、企業顧客向けでは担当者に直接あるいは商社・卸を通じて、顧客に商品を届けます。また「営業」をサポートするため、消費者あるいは企業顧客に製品の情報を届けます。そして「販売」では消費者に製品を販売し、「サポート」では消費者からの様々な問い合わせ・クレームに答えます。

これらのプロセスを担っているのが、製造業の様々な職種です。同じ製造業でも、業界によって扱う製品が異なるため、そのプロセスを担う職種の呼び名や役割は異なり、当然、求められる「能力・資質」「価値観」も変わってきます。

では次頁以降で、製造業の主要な職種と、それぞれに求められる「能力・資質」「価値観」を見ていきましょう。

製造業のビジネスモデルと職種の相関図

ビジネスの流れ	耐久消費財メーカー	生活用品メーカー	原料・部品・資材メーカー	機器・機械・設備メーカー
研究	基礎研究	基礎研究	基礎研究	基礎研究
開発	R&D 生産技術	商品開発 臨床開発 生産技術	R&D 生産技術	R&D 臨床開発 生産技術
生産	生産管理 品質管理	生産管理 品質管理	生産管理 品質管理	生産管理 品質管理
調達・物流	仕入調達 物流管理	仕入調達 物流管理	仕入調達 物流管理	仕入調達 物流管理
営業	営業（耐久消費財） 住宅営業 代理店営業	営業（生活用品） MR 代理店営業	提案営業	提案営業 MR
販促	販促企画	販促企画		
販売	自動車販売（高級車） 自動車販売（大衆車）			
サポート	カスタマーサポート	カスタマーサポート		

顧客＝個人 （耐久消費財メーカー、生活用品メーカー）

顧客＝法人 （原料・部品・資材メーカー、機器・機械・設備メーカー）

6章――製造業の仕事

1 基礎研究

顧客 [社内] 経営者 [社外] 研究者
職種の別名 研究開発、分析研究、先端研究、材料研究

製品開発の基礎となる技術や素材を研究する仕事

革新的な製品や優れた製品を作るには、製品の基礎となる技術や素材が必要になります。

「基礎研究」の役割は、研究所で実験と考察を繰り返すことで、すぐには製品につながらないものの、将来的に製品開発のカギとなる技術や素材を見つけ出すことです。

基礎研究は耐久消費財はもちろん、技術開発型の生活用品、原料・部品・資材、機器・機械・設備などのメーカーで重要な役割を担っています。研究成果は会社の将来的な業績と企業価値を押し上げるため、基礎研究は、「経営者」から大きな期待を受ける存在です。また、1人の研究者として、研究成果を学会などで発表する役割も担っています。

■仕事のある業界

消費財		産業財	
耐久消費財	生活用品	原料・部品・資材	機器・機械・設備
○	△*	○	○

*医薬品、化粧品、トイレタリーメーカーなどに、この職種がある。

■似ている仕事
▶大学教授（理系）

■就職要件
▶理系（理学系、工学系が中心）

point

物事の探求や発見に対する志向性が強い人に向いている

求められる能力・資質

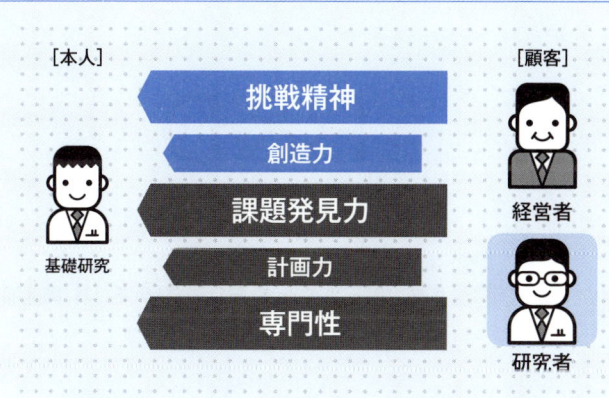

[本人] 基礎研究

- 挑戦精神
- 創造力
- 課題発見力
- 計画力
- 専門性

[顧客] 経営者／研究者

- [挑戦精神] 今までにできなかったことに挑戦する力
- [創造力] 新しい技術や要素の方向性を作る力
- [課題発見力] 実験成果の課題を発見する力
- [計画力] 成果を出すための研究スケジュールを作る力
- [専門性] 専門分野の知識を深めていく力

求められる価値観

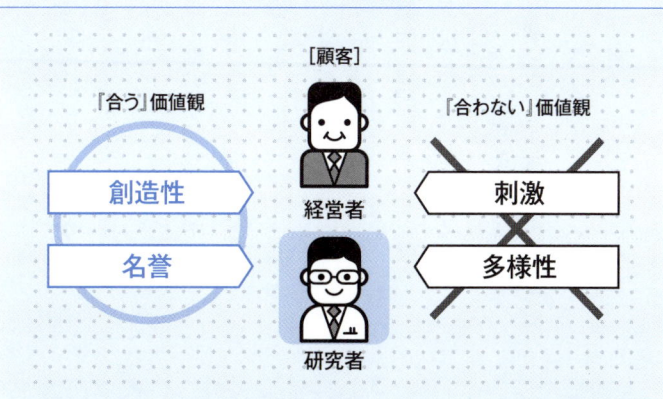

[顧客] 経営者／研究者

『合う』価値観
- 創造性
- 名誉

『合わない』価値観
- 刺激
- 多様性

基礎研究では、物事の仕組みや法則という原理を追求する「**創造性**」、その研究成果を経営者や学会などで認められたいという「**名誉**」などの価値観が仕事の原動力となりがちです。

一方で、仕事内容に刺激や変化を求める「**刺激**」「**多様性**」といった価値観が強い人には、あまり向いていません。

6章——製造業の仕事

2

R&D

顧　客	[社内] 仕入調達、生産管理
職種の別名	開発、設計、開発研究、先行開発、商品設計、製品開発

様々な技術や素材を利用して耐久消費財を設計・開発する仕事

機械製品や電機製品の開発にあたっては、様々な技術や素材を具体的な製品モデルへと落とし込み、それを製造ラインに乗せられるように設計する必要があります。「R&D」の役割は、利用・調達可能な技術や素材を使って、顧客にとって魅力的な製品を企画し、その仕様と製造プロセスを設計することです。R&Dは耐久消費財メーカーや産業財メーカーにおいて、製品開発の根幹を担っています。製品が機能や品質面で優れているだけでなく、セールス的にも成功しなくてはならないため、R&Dの仕事には、予定通りの納期と予算で生産する上で「仕入調達」や「生産管理」との協力体制が欠かせません。

■仕事のある業界

消費財		産業財	
耐久消費財	生活用品	原料・部品・資材	機器・機械・設備
○	×	○	○

■似ている仕事
▶商品企画、販売企画

■就職要件
▶理系（機械・電機・化学系の学部が中心）

point 様々な視点から「ものづくり」を考えられる人に向いている

求められる能力・資質

[本人] R&D
[顧客] 仕入調達／生産管理

- 創造力
- 実行力
- 習得力
- 問題解決力
- 柔軟性

[**創造力**] 消費者のニーズを形にする力
[**実行力**] 予算や納期といった障害を克服する力
[**習得力**] 失敗から学ぶ力
[**問題解決力**] 発生する課題を解決していく力
[**柔軟性**] あきらめるものとこだわるものを取捨選択する力

求められる価値観

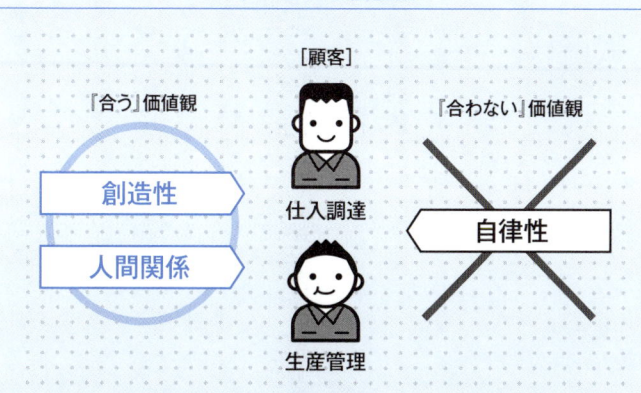

[顧客] 仕入調達／生産管理

『合う』価値観
- 創造性
- 人間関係

『合わない』価値観
- 自律性

　R&Dでは、世に自分の作ったものを送り出したいと思う「**創造性**」、多くの利害関係者とうまく仕事を進める「**人間関係**」などの価値観が求められます。
　一方で、誰にも指図されずにプロジェクトを進めたい「**自律性**」の価値観が強い人には、あまり向いていません。

6章——製造業の仕事

3

商品企画

顧　客	[社内] 経営者　[社外] 消費者
職種の別名	商品開発、企画開発

消費者の動向や嗜好を調査して新しい製品を企画・開発する仕事

生活必需品や嗜好品の開発にあたっては、消費者の動向や嗜好を具体的な商品モデルに落とし込む必要があります。「商品企画」の役割は、マーケティング調査の結果などに基づいて、消費者にとって魅力的な製品を企画し、パッケージやキャッチコピーも含めて商品を作り上げることです。

商品企画は主に生活用品メーカーにおいて、製品開発の根幹を担っています。商品企画は、顧客である消費者に強い影響を受けます。またヒット商品一つで会社の売上が大きく変わることもあり、「経営者」の期待も大きい反面、製品化へのハードルは非常に高く、企画承認後に製品化を断念することも珍しくありません。

■仕事のある業界

消費財		産業財	
耐久消費財	生活用品	原料・部品・資材	機器・機械・設備
×	○	×	×

■似ている仕事
▶特になし

■就職要件
▶基本的に理系・文系を問わない

point

情報感度が高く、挑戦志向が高い人に向いている

求められる能力・資質

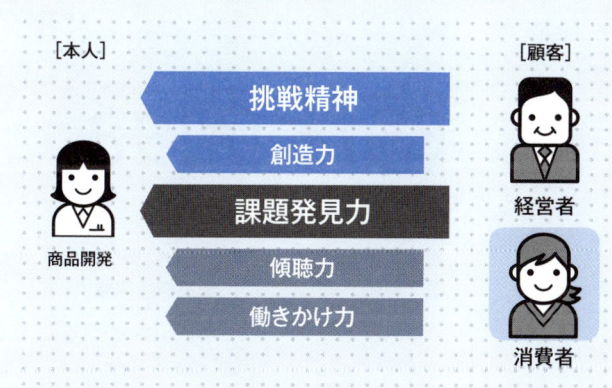

[本人] 商品開発
- 挑戦精神
- 創造力
- 課題発見力
- 傾聴力
- 働きかけ力

[顧客] 経営者／消費者

[挑戦精神] 失敗にめげずトライし続ける力
[創造力] 消費者の嗜好に合った商品を創る力
[課題発見力] 失敗を修正していく力
[傾聴力] 独りよがりにならず消費者の嗜好を受け止める力
[働きかけ力] 経営や製造に製品化を実現するよう働きかける力

求められる価値観

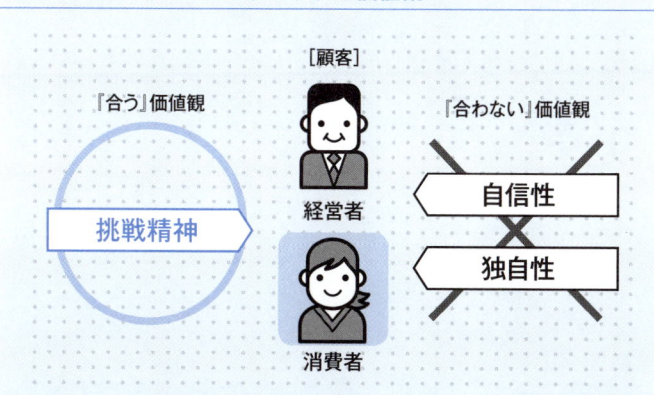

『合う』価値観：挑戦精神

[顧客] 経営者／消費者

『合わない』価値観：自信性、独自性

　商品企画では、失敗にめげることなく、トライ&エラーを繰り返す「挑戦精神」の価値観が強く求められます。
　一方で、顧客の嗜好がすべてであるため、自分の思いを重視する「自信性」や「独自性」といった価値観が強い人にはあまり向いていません。

4

臨床開発

| 顧　客 | [社内] 経営者　[社外] 医師 |
| 職種の別名 | 医薬品開発、医療機器開発 |

新製品の人体に対する効果を検証し、評価する仕事

医薬品や医療機器の開発にあたっては、様々な技術や素材を製品モデルに落とし込む必要があります。「臨床開発」の役割は、製品の人体への影響や危険性を調査した上で、治療に役立つ製品を作り上げ、その仕様と製造プロセスを設計することです。臨床開発は主に医薬品、医療機器、そして健康食品のメーカーにおいて、製品開発の根幹を担っています。製品の治験は医療機関と一緒に進められ、その判断が許認可につながるため、臨床開発は、製品の効用を判断する医師に強い影響を受けます。またヒット商品一つで会社の売上が大きく変わるため、「経営者」からの期待も大きくなります。

■仕事のある業界

消費財		産業財	
耐久消費財	生活用品	原料・部品・資材	機器・機械・設備
×	△*	×	△

*医薬品、食品、医療機器メーカーなどに、この職種がある。

■似ている仕事
▶サービス開発（情報通信）

■就職要件
▶理系（医薬品＝薬学・化学・生物系、医療機器＝機械・電機系が中心）

84

point

計画に基づいて、成果を出すことに喜びを覚える人に向いている

求められる能力・資質

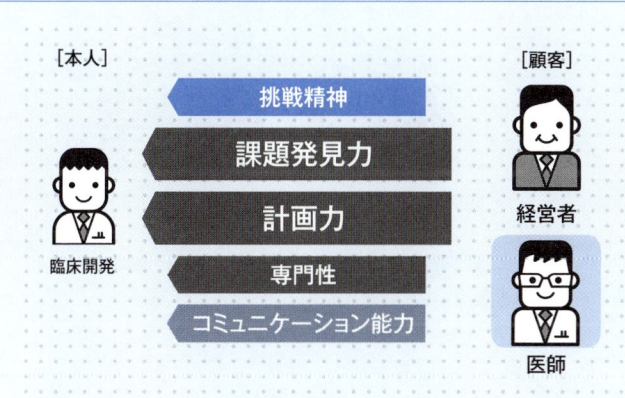

[本人] 臨床開発
- 挑戦精神
- 課題発見力
- 計画力
- 専門性
- コミュニケーション能力

[顧客] 経営者／医師

[挑戦精神] 研究成果を早く出すことに挑戦する力
[課題発見力] 実験成果の課題を発見する力
[計画力] 成果を出すための研究スケジュールを作る力
[専門性] 専門分野の知識を深めていく力
[コミュニケーション能力] 他の研究者と協力し創薬を進める力

求められる価値観

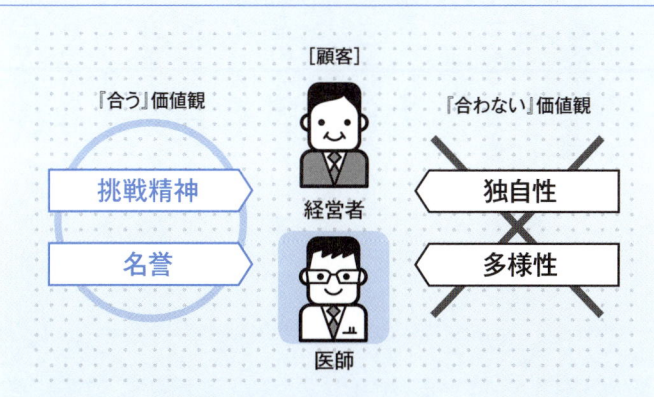

[顧客] 経営者／医師

『合う』価値観
- 挑戦精神
- 名誉

『合わない』価値観
- 独自性
- 多様性

　臨床開発では、早く製品として市場に出せるようにするために「**挑戦精神**」の価値観、経営者や医師から認められたいという気持ちが成果につながるので「**名誉**」の価値観が求められます。
　一方で、製品化のテーマや方向性は決まっているので「**独自性**」「**多様性**」といった価値観が強い人には向いていません。

5 仕入調達

顧　客　[社外] 資材メーカー営業、資源国政府高官
職種の別名　購買、調達

製品を安定生産するために材料を購入し、条件を交渉する仕事

製品を安定生産するためには、原材料や部品、機械や設備を計画に応じて調達する必要があります。「仕入調達」の役割は、製品の生産計画や資材の受給状況などに応じて、自社にとって望ましい条件で必要な量の各種資材を調達することです。仕入調達は消費財メーカー、産業財メーカーを問わず、製品の生産において重要な役割を担っています。原料や部品によっては調達競争が激しく、資源国の政府や企業とも交渉する必要があり、調達先とは価格や納期などでタフな交渉や駆け引きを行います。また、グローバルな資材調達が一般的になっている現在、情報収集とネットワーク作りも重要な仕事です。

■仕事のある業界

消費財		産業財	
耐久消費財	生活用品	原料・部品・資材	機器・機械・設備
○	○	○	○

■似ている仕事
▶ベンチャーとの技術提携、投資

■就職要件
▶特になし（基本的に全学部）

point

グローバルな環境で厳しい交渉ができる人に向いている

求められる能力・資質

[本人] 仕入調達

- 挑戦精神
- 実行力
- 状況把握力
- コミュニケーション力
- 働きかけ力

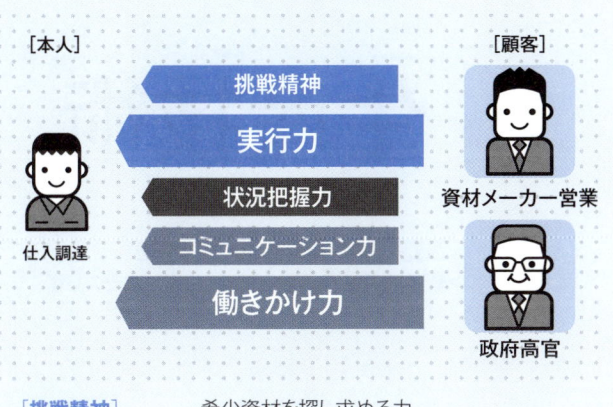

[顧客]
- 資材メーカー営業
- 政府高官

[挑戦精神]　希少資材を探し求める力
[実行力]　　何度でも困難な交渉を行う力
[状況把握力]　材料の相場や国際政治の状況を把握する力
[コミュニケーション力]　交渉条件や相手の成果を伝える力
[働きかけ力]　こちらの要求と相手の利益を納得させる力

求められる価値観

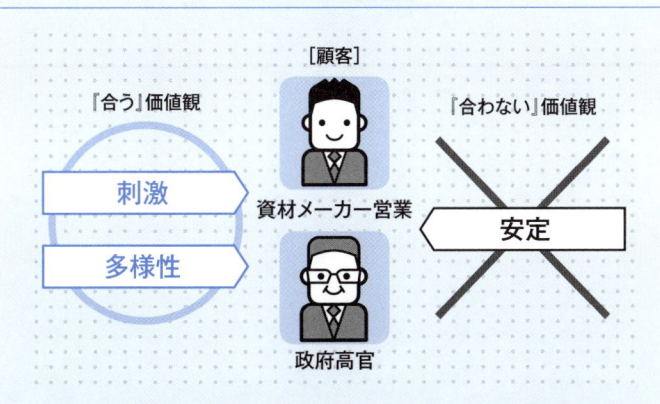

[顧客] 資材メーカー営業／政府高官

『合う』価値観
- 刺激
- 多様性

『合わない』価値観
- 安定

　仕入調達には、調達先を自ら探し、駆け引きも含めて交渉することが必要なので、「**刺激**」「**多様性**」といった価値観が求められます。
　一方で、落ち着いてじっくりと仕事を進めたい「**安定**」の価値観が強い人には向いていません。

87　6章——製造業の仕事

6

生産技術

| 顧客 | [社内] R&D、生産管理 |
| 職種の別名 | 生産技術開発、生産プロセス技術 |

製品を安定生産するための技術や製造設備を開発・設計・設営する仕事

製品を安定的に生産するためには、その製品に最適な生産技術や製造設備を開発・設計・設営する必要があります。「生産技術」の役割は、製品の特性や価格、納期や製造プロセス、設置する生産拠点の生産量や人員などに応じて、製品製造において最も望ましい技術を開発し、必要に応じて、その技術に基づいた設備を設計・開発し、工場のラインに設営することです。生産技術は、製品の生産において重要な役割を担っており、「R&D」や「生産管理」と協力して最適な設備を設置することが求められます。なお、素材メーカーや部品メーカーでは、しばしば、この技術が企業の競争力の源泉となっています。

■仕事のある業界

消費財		産業財	
耐久消費財	生活用品	原料・部品・資材	機器・機械・設備
○	△*	○	○

*一部の生活用品メーカーでは、この仕事を外注している。

■似ている仕事
▶設計施工（建設・土木）

■就職要件
▶理系（機械・電気・生産技術系）

point

新しい技術や設備を、協力しながら作り上げられる人に向いている

求められる能力・資質

[本人] 生産技術

- 実行力
- 課題発見力
- 問題解決力
- 柔軟性
- 働きかけ力

[顧客] R&D / 生産管理

[**実行力**] 生産性を追求し改善する力
[**課題発見力**] 製造プロセスで発生する課題を発見する力
[**問題解決力**] 開発途中で起こる問題を解決する力
[**柔軟性**] 現場の状況に柔軟に対応する力
[**働きかけ力**] ライン立ち上げのために協力を求める力

求められる価値観

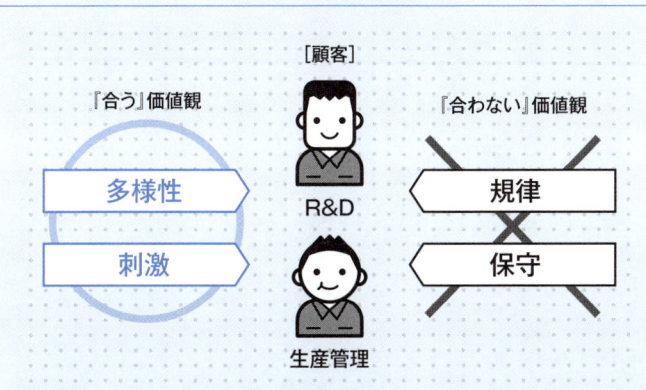

[顧客] R&D / 生産管理

『合う』価値観
- 多様性
- 刺激

『合わない』価値観
- 規律
- 保守

　生産技術には、現場の状況や関係各位の要求に柔軟に対応する「**多様性**」「**刺激**」といった価値観が求められます。
　一方で、決められたことをしっかりとやりたい「**規律**」「**保守**」の価値観が強い人には向いていません。

6章——製造業の仕事

7

生産管理

顧　客	[社内] 工場労働者、仕入調達
職種の別名	生産、工場管理、工務管理

決められた製品・設備を使って製品の生産を管理する仕事

製品を安定的に生産するためには、その製品に最適な生産方法や仕組みを考え、工場ラインを運営する必要があります。「生産管理」の役割は、製品の特性や納期、製造のプロセスや設備、生産拠点の生産量や人員などに応じて、最も望ましい製造ラインを決め、そこで働く労働者をマネジメントすることです。生産管理は製品の生産において重要な役割を担っており、その生産効率によって最終的な利益が大幅に増減するので、納期通りに必要な量を生産することが求められます。なお、製造ラインは人によって動かされている部分も多いため、工場労働者のモチベーション維持も重要な仕事です。

■仕事のある業界

消費財		産業財	
耐久消費財	生活用品	原料・部品・資材	機器・機械・設備
○	○	○	○

■似ている仕事
▶施工管理（建設・土木）

■就職要件
▶特になし（基本的に全学部）

point

様々な属性の人を管理し、モチベーションを維持できる人に向いている

求められる能力・資質

[本人] 生産管理

- 自己コントロール
- 責任感
- 実行力
- 計画力
- ストレス対処力
- 働きかけ力

[顧客] 工場労働者／仕入調達

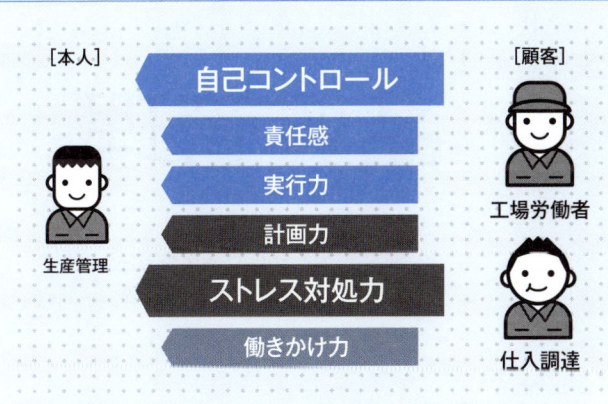

[自己コントロール] 起こったトラブルに冷静に対処する力
[責任感] 納期と生産量を厳守する強い意志
[実行力] トラブルを乗り越えて生産を再開させる力
[計画力] 生産納期を守るためのプランニング力
[ストレス対処力] 価値観や立場の違う労働者と向き合う力
[働きかけ力] 労働者のモチベーションを管理する力

求められる価値観

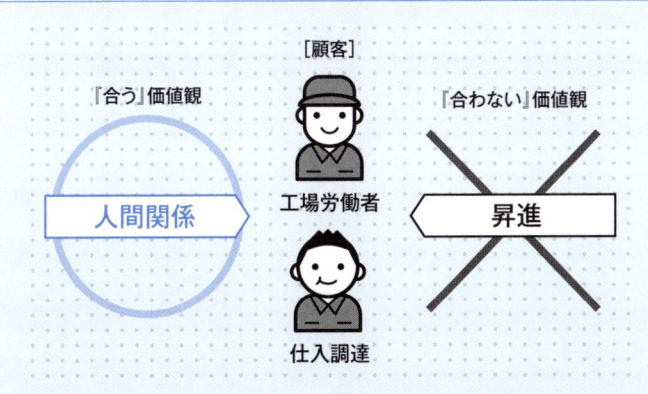

『合う』価値観 → 人間関係 → [顧客] 工場労働者／仕入調達

『合わない』価値観 ✕ 昇進

生産管理には、チームで成果を出すための「**人間関係**」の価値観が求められます。
一方で、自分個人の成果を称賛してほしい「**昇進**」の価値観が強い人には向いていません。

6章──製造業の仕事

8

品質管理

顧 客	[社内] 工場労働者
職種の別名	品質試験、品質保証

生産された製品を検査して
不具合や欠陥を含め、品質をチェックする仕事

製品を安定的に生産するためには、生産された製品に不具合や欠陥などがないかを検査し、製品の品質状況に基づいて製造ラインを改善する必要があります。

「品質管理」の役割は、欠陥製品の発生率をはじき出すだけでなく、その低下に向けて欠陥の発生原因に応じて、製造プロセスを改善することです。品質管理は製品の生産において重要な役割を担っており、欠陥発生率の高低によって製品の歩留まり率が増減するので、製造業の生産能力を左右します。

なお、トヨタでは、この品質管理を重視することで大きな成果を上げており、それがトヨタ生産方式の世界的な評価につながっています。

■仕事のある業界

消費財		産業財	
耐久消費財	生活用品	原料・部品・資材	機器・機械・設備
○	○	○	○

＊一部のメーカーでは、生産管理がこの職種を兼ねている。

■似ている仕事
▶保守エンジニア（エネルギー・運輸など）

■就職要件
▶理系が中心

point

欠陥を防ぐ手段を地道に模索し、それを伝えられる人に向いている

求められる能力・資質

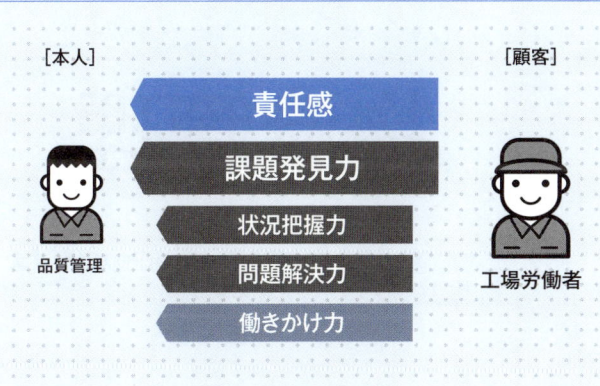

[本人] 品質管理　　[顧客] 工場労働者

- 責任感
- 課題発見力
- 状況把握力
- 問題解決力
- 働きかけ力

[責任感]　製品の品質を守る気持ち
[課題発見力]　製品の欠陥やその発生原因を推測する力
[状況把握力]　製造プロセスを把握する力
[問題解決力]　製造プロセスの不備改善を提案する力
[働きかけ力]　製造プロセスの改善をスタッフ全員に促す力

求められる価値観

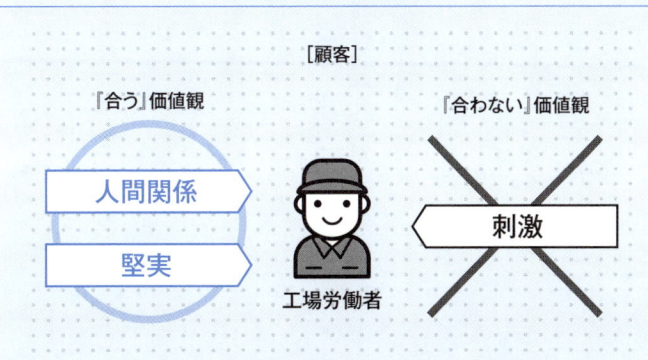

[顧客] 工場労働者

『合う』価値観
- 人間関係
- 堅実

『合わない』価値観
- 刺激

　品質管理は、現場で直面する課題を発見し、全員で協力して改善しなくてはならないため、「人間関係」「堅実」の価値観が求められます。
　一方で、仕事に変化を求める「刺激」の価値観が強い人には向いていません。

6章——製造業の仕事

9 物流管理

顧客　[社内] 営業、生産管理　[社外] 運輸会社営業
職種の別名　ロジスティクス、生産物流

資材・部品を必要な場所、必要な量、決められた納期内に運ぶ仕事

製品を安定的に生産・出荷するためには、資材や部品や製品それぞれの最適な輸送方法や仕組みを整える必要があります。

「物流管理」の役割は、資材・製品の納期や特性、拠点で必要な量や頻度などに応じて、最も望ましい物流システムを決め、拠点と事業者を手配・管理することです。

必要な資材が納品されなければ生産はストップし、製品が販売拠点に送られなければ売上が立たないため、物流管理は、製造業のビジネスの流れを司る存在です。

近年メーカーは、極力、在庫を持たないようにしているので、工場の生産や事業者の輸送時間の調整も、物流管理の役割となっています。

■仕事のある業界

消費財		産業財	
耐久消費財	生活用品	原料・部品・資材	機器・機械・設備
○	○	○	○

＊一部のメーカーでは、仕入調達がこの仕事を兼ねている。

■似ている仕事
▶週刊誌や新聞の編成の仕事

■就職要件
▶特になし（基本的に全学部）

point

急な変更や対応などに素早く的確な判断ができる人に向いている

求められる能力・資質

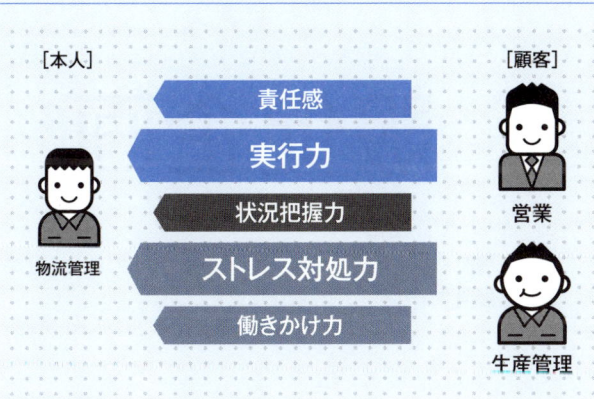

[本人] 物流管理 — [顧客] 営業、生産管理

- 責任感
- 実行力
- 状況把握力
- ストレス対処力
- 働きかけ力

[責任感] 納期を絶対に守る気持ち
[実行力] 突発的な依頼やトラブルを克服する力
[状況把握力] 複雑な状況変化や影響を把握する力
[ストレス対処力] 急な依頼や無理なオーダーに対処する力
[働きかけ力] 関係者に納品を実行させるために動いてもらう力

求められる価値観

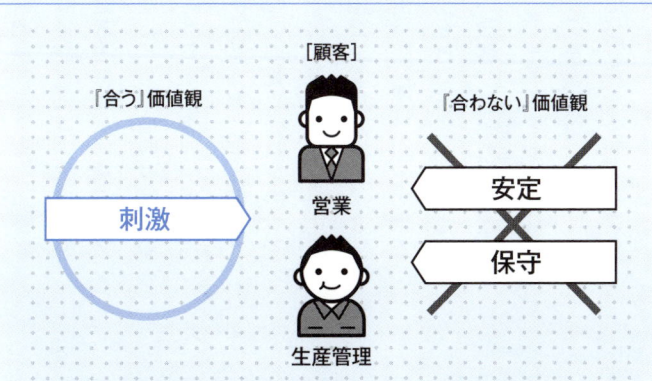

『合う』価値観：刺激
『合わない』価値観：安定、保守

[顧客] 営業、生産管理

　物流管理は、複雑に絡み合う物流の利害関係の影響を受ける仕事であり、急な対応が多く、多様な関係者との調整が求められるので「**刺激**」の価値観を求める人には向いています。
　一方で、変化や突発的なことを嫌う「**安定**」「**保守**」といった価値観を求める人には向いていません。

6章——製造業の仕事

10 販促企画

[社内] 営業　[社外] 一般消費者、アカウントエグゼクティブ
職種の別名　マーケティング、販売促進

製品を効果的に販売するための販売促進の手段を考える仕事

製品を販売するには、製品情報を消費者に届ける必要があります。「販促企画」の役割は、製品特性や流通チャネル、消費者の地域や属性などに応じて、最も適切な販促方法を考え、メディアや店舗を通じて製品情報を顧客層に伝えることです。販促企画は耐久消費財メーカーや生活用品メーカーにおいて重要な役割を担っており、マーケティング戦略の立案から、販売チャネルの検討、広告の発注、店頭販促物の手配まで、様々な業務を行います。販促企画の仕事は、顧客や営業戦略などに左右されるため、「一般消費者」や「営業」の影響を強く受け、媒体選定や広告制作を依頼する広告代理店はパートナーです。

■仕事のある業界

消費財		産業財	
耐久消費財	生活用品	原料・部品・資材	機器・機械・設備
○	○	×	×

■似ている仕事
▶商品企画（サービス業）

■就職要件
▶特になし（基本的に全学部）

point

段取りや手配などの実務を地道かつ慎重に進められる人に向いている

求められる能力・資質

[本人] 販売促進
- 実行力
- 状況把握力
- 計画力
- 働きかけ力

[顧客] 営業／一般消費者

[実行力] 営業や代理店担当者を動かす力
[状況把握力] 世の中のトレンドや消費者の嗜好を把握する力
[計画力] 販促計画を実現する段取りや手配をする力
[働きかけ力] チームで成果を出させる力

求められる価値観

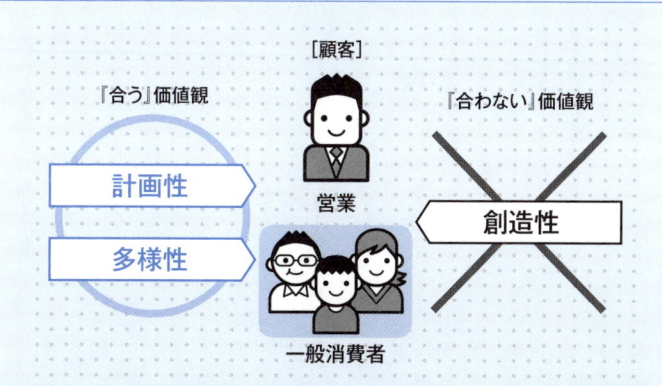

[顧客] 営業／一般消費者

『合う』価値観
- 計画性
- 多様性

『合わない』価値観
- 創造性

　販促企画は、仕事を進める上での**「計画性」**、状況変化に対応できる**「多様性」**といった価値観が求められる仕事です。
　一方で、**「創造性」**を求めすぎる人は、営業戦略とかけ離れたり消費者に受け入れられなかったりするため、あまり向いていません。

11

提案営業

| 顧 客 | [社内] R&D　[社外] R&D、仕入調達 |
| 職種の別名 | ソリューション営業、技術営業 |

相手先での利用プランも含めて自社製品を提案する仕事

原料・部品・資材や機器・機械・設備を販売するには、その製品の最適な利用方法を顧客に応じて考え、それを提案する必要があります。「提案営業」の役割は、顧客企業の製品や技術、製造のプロセスや設備、生産拠点の生産量や人員などに応じて、最も適切な製品をその利用プランとともに提案することです。提案営業は産財メーカーにおいて重要な役割を担っており、製品開発動向や業界トレンドなど、顧客企業の動きを事前に察知して提案していくことが求められます。なお、顧客企業からの依頼を受けて、新製品に必要となる原料・部品・資材、機器・機械・設備の共同開発もアレンジします。

■仕事のある業界

消費財		産業財	
耐久消費財	生活用品	原料・部品・資材	機器・機械・設備
×	×	○	○

■似ている仕事
▶総合職（専門商社）

■就職要件
▶特になし（基本的に全学部）

point

企業動向を予測し、必要な製品を提案できる人に向いている

求められる能力・資質

[本人] 提案営業
- 積極性
- 状況把握力
- 専門性
- 働きかけ力
- 対人関係力

[顧客] R&D / 仕入調達

[積極性] 顧客企業にアプローチする力
[状況把握力] 顧客企業の開発予定などをキャッチする力
[専門性] 技術動向や新しい研究にキャッチアップする力
[働きかけ力] R&Dや仕入調達などに自社製品の優位性を理解させる
[対人関係力] R&Dや仕入調達などとの関係性を構築する力

求められる価値観

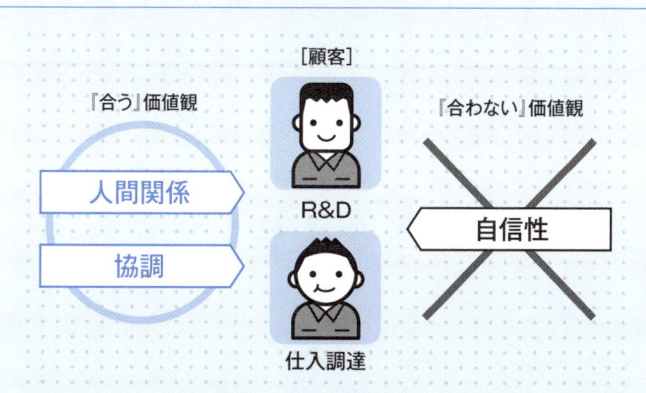

[顧客] R&D / 仕入調達

『合う』価値観
- 人間関係
- 協調

『合わない』価値観
- 自信性 ✕

提案営業には、顧客企業の開発動向をつかみ、win-win の関係を構築するために「**人間関係**」「**協調**」といった価値観が求められます。
一方で、自社製品の優位性ばかりを主張する「**自信性**」の価値観が強い人には向いていません。

6章——製造業の仕事

12

営業
（生活用品）

顧 客 [社外] バイヤー、店長
職種の別名 商品営業、ルート営業、店舗営業

生活用品の販売店舗・本部に製品を売り込む仕事

飲料・食品・トイレタリーといった生活用品は、消費者に直接販売するケースはまれで、量販店や外食店などを通じて販売するのが一般的です。生活用品の「営業」の役割は、製品の種類や価格帯、店舗の地域や規模などに応じて、最も適切な商品を販売店・店舗に勧め、そこで販売してもらうことです。差別化が難しく競合が激しい生活用品の営業は、営業の力で売上が大きく増減するため、定期的な訪問はもちろん、販売支援や試供品提供などを実施することで、担当者と人間関係を作ることが求められます。なお、人気商品の場合には、店舗側もそれ自体が集客に貢献するので、無理な値引き要求はしないようです。

■仕事のある業界

消費財		産業財	
耐久消費財	生活用品	原料・部品・資材	機器・機械・設備
×	○	×	×

■似ている仕事
▶営業（耐久消費財）

■就職要件
▶特になし（基本的に全学部）

point

顧客と楽しみながら付き合い、消費者視点で提案できる人に向いている

求められる能力・資質

[本人] 営業（生活用品） ／ [顧客] バイヤー・店長

- 積極性
- 創造力
- 実行力
- 計画力
- 開放性

[積極性]　自社製品を売り込む力
[創造力]　消費者目線で販促アイディアを考える力
[実行力]　販売支援などを実施する力
[計画力]　予定通りの数量を売り切る力
[開放性]　店舗担当者から受け入れられる力

求められる価値観

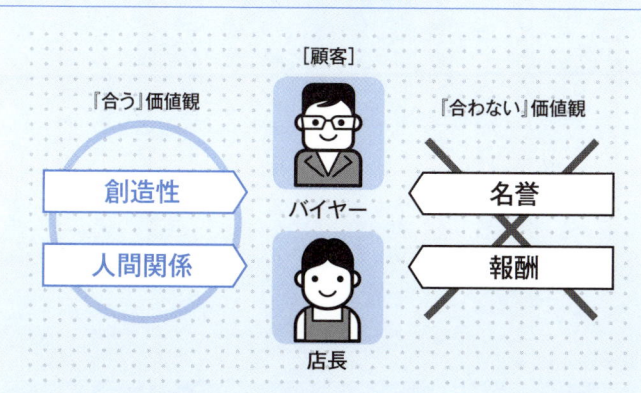

[顧客] バイヤー・店長

『合う』価値観
- 創造性
- 人間関係

『合わない』価値観
- 名誉
- 報酬

　生活用品の営業には、身近な出来事を楽しみながら、消費者視点で提案する「**創造性**」の価値観と、店舗担当者と親しくなる「**人間関係**」の価値観が求められます。
　一方で、現場を軽視しがちな「**名誉**」「**報酬**」といった価値観が強い人には向いていません。

101　6章——製造業の仕事

13

営業
（耐久消費財）

顧客 [社外] 一般消費者、店長
職種の別名 製品営業、ルート営業、量販店営業

耐久消費財の販売店舗・本部に製品を売り込む仕事

家電・カメラ・時計といった耐久消費財は、消費者に直接販売するケースはまれで、量販店や専門店などを通じて販売するのが一般的です。耐久消費財の「営業」の役割は、製品の種類や価格帯、店舗の地域や規模などに応じて、最も適切な製品を販売店に勧め、そこで販売してもらうことです。差別化が難しく競合が激しい耐久消費財の営業では、売場の状況で売上が大きく増減するため、定期的な訪問はもちろん、販売支援や試供品提供などを実施することで、担当者と人間関係を作ることが求められます。なお、耐久消費財は近年、値引き圧力が強く、大手量販店は販売量を背景に価格交渉力を強めています。

■仕事のある業界

消費財		産業財	
耐久消費財	生活用品	原料・部品・資材	機器・機械・設備
○	×	×	×

■似ている仕事
▶営業（生活用品）

■就職要件
▶特になし（基本的に全学部）

point

小売店との関係性を構築しつつ、結果を残せる人に向いている

求められる能力・資質

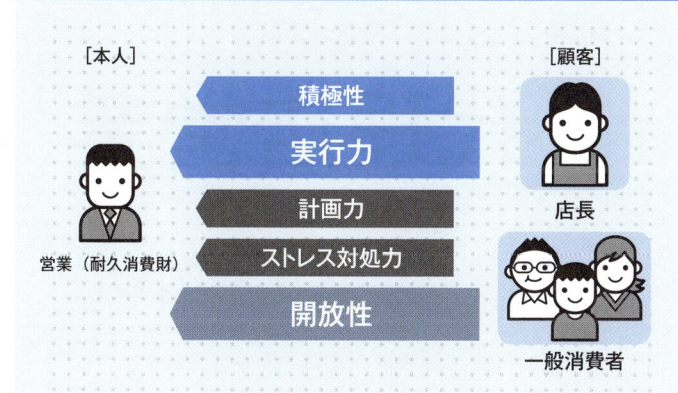

[本人] 営業（耐久消費財）
[顧客] 店長／一般消費者

- 積極性
- 実行力
- 計画力
- ストレス対処力
- 開放性

[積極性] 自社製品を売り込む力
[実行力] 販売支援などを実施する力
[計画力] 予定通りの数量を売り切る力
[ストレス対処力] 小売流通からの強引な値引き要求に対処する力
[開放性] 店舗責任者から受け入れられる力

求められる価値観

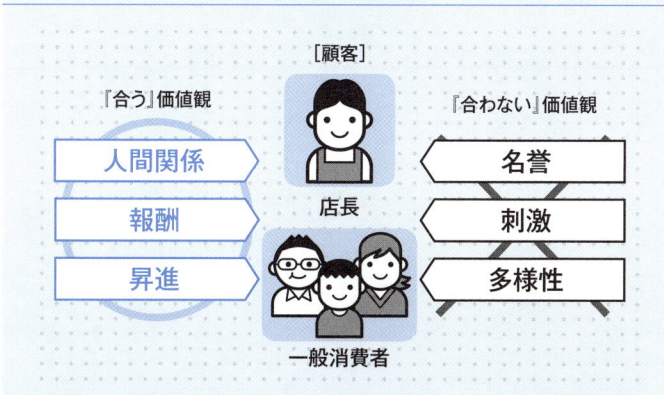

[顧客] 店長／一般消費者

『合う』価値観
- 人間関係
- 報酬
- 昇進

『合わない』価値観
- 名誉
- 刺激
- 多様性

　耐久消費財の営業には、小売店の店長や本部担当者と良い関係を作る「**人間関係**」の価値観、数字を上げて認められたいと思う「**報酬**」「**昇進**」の価値観が求められます。
　一方で、現場を軽視しがちな「**名誉**」、地道な活動を嫌がる「**刺激**」「**多様性**」といった価値観が強い人には向いていません。

14

代理店営業

顧客	[社外] 販売員、店長
職種の別名	販促営業、販売支援

自社と契約を結んだ代理店に販売支援や製品情報を提供する仕事

　自動車・携帯電話・化粧品などの製品は、自社と契約を結んだ販売代理店などを通じて販売するのが一般的です。「代理店営業」の役割は、製品の種類や価格帯、店舗の地域や規模などに応じて、販促物や販促企画を提供し、新製品や売れ筋商品の情報を提供することで、販売代理店を支援することです。販売代理店の努力ややる気で売上が大きく増減するため、代理店営業には定期的な訪問はもちろん、代理店の「オーナー」や「店長」、「販売員」と人間関係を作りつつ、様々な形で顧客店舗の売上に貢献することが求められます。なお、スタッフのモチベーションを上げるには、一般に、細かな気配りが求められます。

■仕事のある業界

消費財		産業財	
耐久消費財	生活用品	原料・部品・資材	機器・機械・設備
△	△	×	×

＊自動車、化粧品メーカーなどに、この職種がある。

■似ている仕事
▶特になし

■就職要件
▶特になし（基本的に全学部）

point

代理店を支援し、店長やスタッフのやる気を引き出せる人に向いている

求められる能力・資質

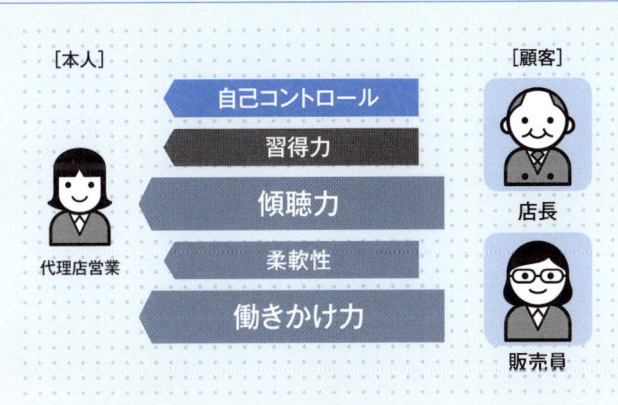

[本人] 代理店営業

- 自己コントロール
- 習得力
- 傾聴力
- 柔軟性
- 働きかけ力

[顧客] 店長／販売員

- [自己コントロール] スタッフなどの感情や気分に対処する力
- [習得力] 製品の知識を習得する力
- [傾聴力] スタッフや店長の話を聴き信頼を得る力
- [柔軟性] 代理店の立場を受け止める力
- [働きかけ力] スタッフのやる気を出させる力

求められる価値観

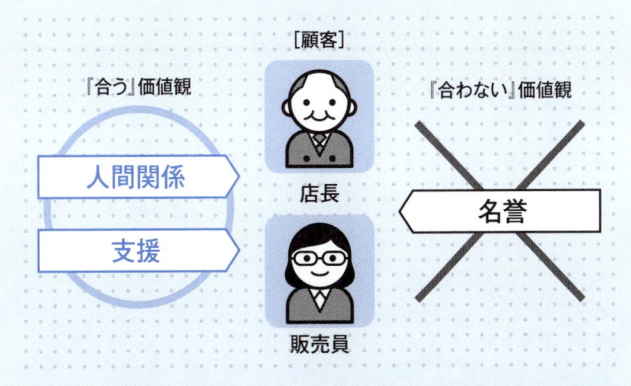

『合う』価値観:
- 人間関係
- 支援

[顧客] 店長／販売員

『合わない』価値観:
- 名誉

　代理店営業は、スタッフや店長と信頼関係を構築する「**人間関係**」の価値観、誰かを支援したい「**支援**」価値観が求められます。
　一方で、自分が目立ちたい中心になりたいという「**名誉**」の価値観が強い人には向いていません。

15

MR

顧 客	[社外] 医師
職種の別名	医薬情報担当者

医薬品の正しい情報を医師に提供し使用してもらう仕事

医療用製品は、病院や診療所などの医療機関に売り込むのが一般的です。「MR」の役割は、製品の種類や特性、医療機関の種類や規模などに応じて、医師が最も必要とする医薬品の情報を提供し、自社の医薬品を使用してもらうことです。医療の動向や医薬品の専門知識や資格が求められるMRは、医療機関内の勉強会や学会発表などで接触機会を多く作ることで、担当する医師の信頼を勝ち取り、接待や公私にわたる付き合い・相談などを通じて人間関係を構築することが求められます。

なお、ドラッグストアや薬局などで売られている一般医薬品は、生活用品と同様に、営業・販売することになります。

■仕事のある業界

消費財		産業財	
耐久消費財	生活用品	原料・部品・資材	機器・機械・設備
×	△	×	○

＊医薬品、医療機器メーカーに、この職種がある。

■似ている仕事
▶プライベートバンカー

■就職要件
▶理系が中心だが、文系もいる

> **point** 立場の強い医師との間で信頼関係を構築できる人に向いている

求められる能力・資質

[本人] MR　　　[顧客] 医師

- 自己コントロール
- 実行力
- 状況把握力
- ストレス対処力
- 傾聴力

[自己コントロール] 医師に認められるために自分の行動を制限する力
[実行力] 定期的に何度も訪問するなど、繰り返し実行する力
[状況把握力] 医師の気持ちや状況を察する力
[ストレス対処力] 医師の要求や態度に対処する力
[傾聴力] 医師の思いや考えを受けとめる力

求められる価値観

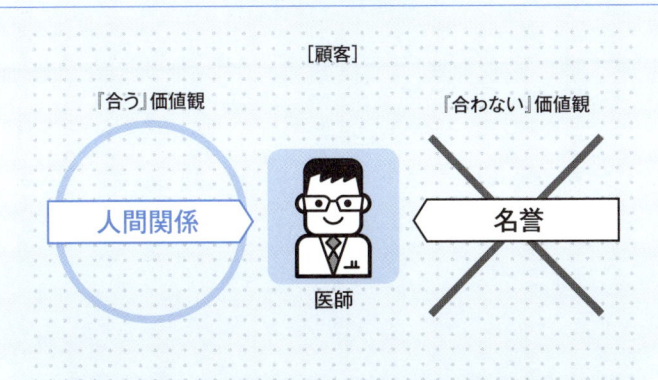

[顧客] 医師

『合う』価値観：人間関係
『合わない』価値観：名誉

　MRには、医師という強い立場にある顧客の信頼を獲得する**「人間関係」**の価値観が求められます。
　一方で、プライドが高く、自分を高く評価されたい**「名誉」**の価値観が強い人は向いていません。

16

住宅営業

顧客	[社外] 家族
職種の別名	カウンセリング営業、提案営業

新築・改築の見込み客を探し提案営業する仕事

住宅は、住宅展示場への来場、問い合わせ、飛び込みやアポ入れなどにおいて、好感触だった顧客に提案することで販売するのが一般的です。「住宅営業」の役割は、住宅の規模や特性、顧客の予算や希望などに応じて、顧客にとって最も魅力的な新築・改築プランを提示し、成約に結び付けることです。一般家庭において一生に一度の買い物である住宅の販売では、ニーズはもちろん、競合他社の提案状況、返済計画など、様々な事項を確認し、プランを修正・変更しながら進めていくことが求められます。なお、購入には世帯主以外の意見も重要なので、意見収集のため家族が集まる土、日の訪問が多くなりがちです。

■仕事のある業界

消費財		産業財	
耐久消費財	生活用品	原料・部品・資材	機器・機械・設備
△*	×	×	×

*住宅メーカーなどに、この職種がある。

■似ている仕事
▶法人営業（地方銀行）

■就職要件
▶特になし（基本的に全学部）

point 家族の嗜好、意向を正しく把握して、最適な提案ができる人に向いている

求められる能力・資質

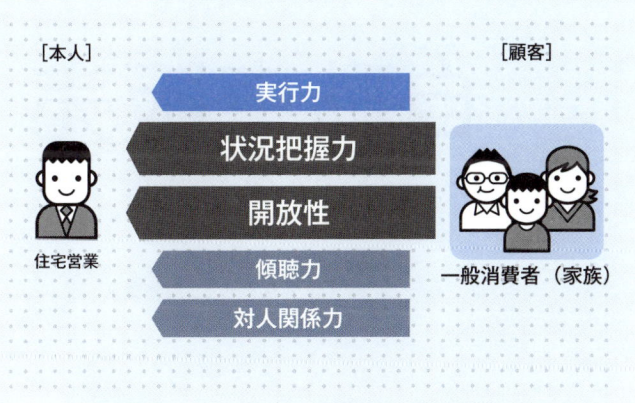

[本人] 住宅営業 ― 実行力 / 状況把握力 / 開放性 / 傾聴力 / 対人関係力 ― [顧客] 一般消費者(家族)

- [実行力] 見込み客に定期的に訪問し提案する力
- [状況把握力] 顧客のニーズを把握する力
- [開放性] 顧客の家族にも受け入れられる力
- [傾聴力] 顧客の意見を聴き取る力
- [対人関係力] 今後も付き合いたいと思わせる力

求められる価値観

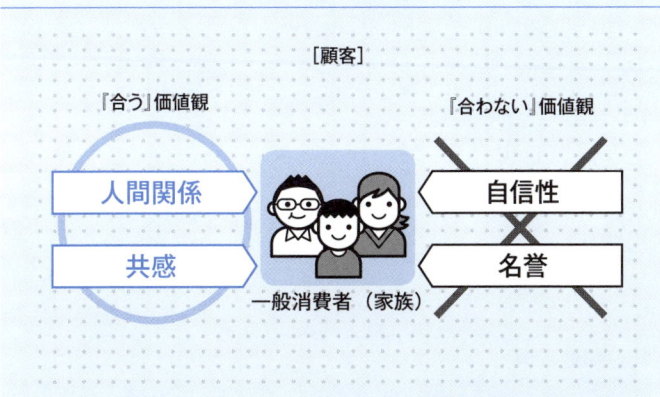

[顧客] 一般消費者(家族)

『合う』価値観：人間関係、共感

『合わない』価値観：自信性、名誉

　住宅営業には、一生ものの商品を家族に販売するので、家族の思いを受け止める **「人間関係」** や **「共感」** の価値観が求められます。
　一方で、押し付けや強引な提案をしがちな **「自信性」**「**名誉**」などの価値観が強すぎる人は向いていません。

17

自動車販売
（大衆車）

顧 客 ［社外］家族
職種の別名 店舗販売、販売員

購入見込み客を店舗に集客し対面で販売する仕事

大衆車の販売では、製品を販売するための売り場が求められます。こうした製品における「販売」の役割は、製品の種類や価格帯、店舗の地域や規模、顧客の属性や嗜好などに応じて、DMやチラシなどを配り、イベントやセールなどの企画を考え、新製品・売筋商品などの陳列やポスター・ポップなどの販促物により、製品を購入しやすい環境を作ることです。大衆車の販売では、スタッフのやる気により売上が増減するため、互いのコミュニケーションや細かな気配りが求められます。なお、他社製品と比較している場合、値引きやオプションサービスなどを適切なタイミングで提示していきます。

■仕事のある業界

消費財		産業財	
耐久消費財	生活用品	原料・部品・資材	機器・機械・設備
△	×	×	×

＊自動車メーカーの系列会社に、この職種がある。

■似ている仕事
▶クレジット、信販の営業

■就職要件
▶特になし（基本的に全学部）

point
様々なアイディアで集客し、チームで売上を上げられる人に向いている

求められる能力・資質

[本人] 自動車販売（大衆車）
- 創造力
- 実行力
- 計画力
- 開放性
- 傾聴力

[顧客] 一般消費者（家族）

[創造力] 集客プラン、イベント、売り場作りを考える力
[実行力] 集客、イベント、訪問、クロージングなどやるべきことを実行する力
[計画力] 多くの見込み客をいかに受注につなげるかの行動計画を立てる力
[開放性] 顧客の家族にも親しみをもって受け入れられる力
[傾聴力] 顧客の希望を聞き取る力

求められる価値観

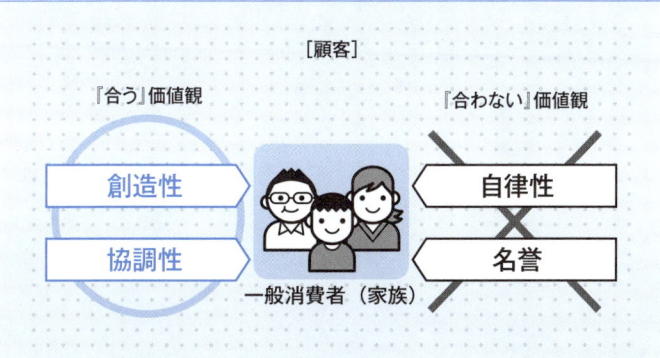

[顧客] 一般消費者（家族）

『合う』価値観
- 創造性
- 協調性

『合わない』価値観
- 自律性
- 名誉

　自動車販売（大衆車）は、人を集めるアイディアを考えて実行するのが好きな「**創造性**」や「**協調性**」の価値観が強い人に向いています。
　一方で、チームで進める仕事が多いため、自己で完結できることを志向する「**自律性**」、人からすごいと思われたい「**名誉**」といった価値観が強い人は向いていません。

18

自動車販売
（高級車）

顧客 [社外] 富裕層
職種の別名 販売員

高額製品を購入対象となる富裕層に販売する仕事

　高級車の販売では、富裕層の顧客が気持ちよく製品を購入できる雰囲気をつくることが求められます。こうした製品における「販売」の役割は、性能や機能などで製品を売り込むよりも、顧客の好みや嗜好や気持ちを理解し、コンシェルジュ的なサービス・対応を提供することで、顧客に「この人から購入したい」という気持ちを持ってもらうことです。また、1人の顧客と長期に渡って付き合いを続け、継続的に取引をするとともに、別の顧客を紹介してもらうことが重要になります。なお、基本的に自己完結できますが、顧客と1対1で向き合うという意味で、コンシェルジュに近い仕事です。

■仕事のある業界

消費財		産業財	
耐久消費財	生活用品	原料・部品・資材	機器・機械・設備
△	×	×	×

＊自動車メーカーの系列会社に、この職種がある。

■似ている仕事
▶コンシェルジュ（ホテル）

■就職要件
▶特になし（基本的に全学部）

point

顧客に信頼され、長期に渡り、付き合い続けられる人に向いている

求められる能力・資質

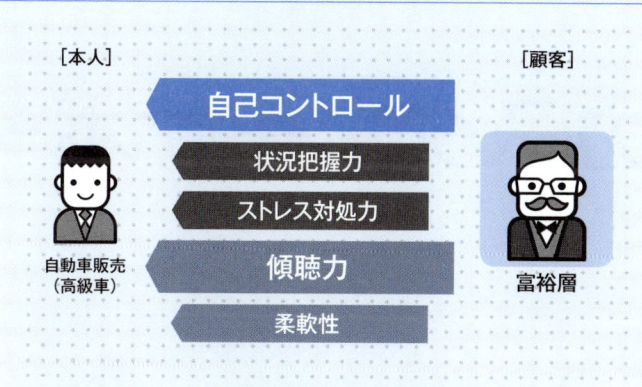

[本人] 自動車販売（高級車） ／ [顧客] 富裕層

- 自己コントロール
- 状況把握力
- ストレス対処力
- 傾聴力
- 柔軟性

[自己コントロール]　多様な顧客のタイプに合わせる力
[状況把握力]　顧客がどう感じているか理解する力
[ストレス対処力]　顧客の要求や売り上げ目標のプレッシャーに対処する力
[傾聴力]　顧客の話を聴く力
[柔軟性]　顧客の要求を柔軟に対処する力

求められる価値観

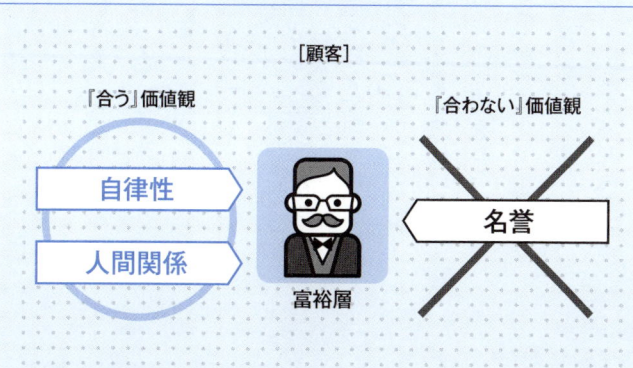

[顧客] 富裕層

『合う』価値観
- 自律性
- 人間関係

『合わない』価値観
- 名誉

　自動車販売（高級車）は、基本的にはユーザーと1対1で対峙する仕事なので、自分で完結できる仕事を是とする「**自律性**」、顧客との「**人間関係**」を重視する価値観が重要になります。
　一方で、あまりプライドが高いと顧客に好かれないので「**名誉**」の価値観が強すぎる人には向いていません。

19 カスタマーサポート

顧 客 ［社外］一般消費者
職種の別名 サービス支援

顧客への販売と顧客の製品利用を様々な面から支援する仕事

顧客と長期に渡って付き合い続けるためには、購入時はもちろん、利用時においてもサポートする必要があります。「カスタマーサポート」の役割は、製品の種類や特性、顧客の属性や状態などに応じて、仕様や機能に関する質問に答え、注文や発送を手配し、修理や返品に対応し、感想や苦情を聞くことです。カスタマーサポートは顧客との関係性構築において重要な役割を担っており、その対応により顧客のリピート率が増減します。職場はコールセンターなどの形式をとっているところが多く、職場内で基本的な顧客対応を行うため、製品の使い方や特性などに関する知識などが求められます。

■仕事のある業界

消費財		産業財	
耐久消費財	生活用品	原料・部品・資材	機器・機械・設備
○	○	×	×

■似ている仕事
▶百貨店の顧客対応係

■就職要件
▶特になし（基本的に全学部）

製造業 / 流通業 / 金融保険業 / 情報通信業 / サービス業 / バックオフィス

point

知識を駆使し、電話などを通じて1対1で対応できる人に向いている

求められる能力・資質

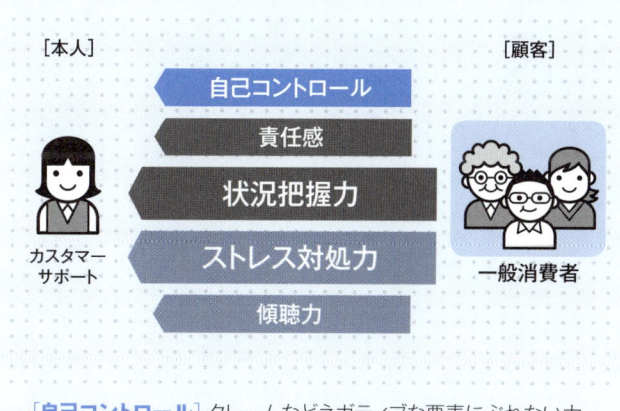

[本人] カスタマーサポート

- 自己コントロール
- 責任感
- 状況把握力
- ストレス対処力
- 傾聴力

[顧客] 一般消費者

[**自己コントロール**] クレームなどネガティブな要素にぶれない力
[**責任感**] 顧客に対して誠実に向き合う力
[**状況把握力**] 顧客がどう感じているか理解する力
[**ストレス対処力**] 苦情に対処する力
[**傾聴力**] 顧客の話を聴く力

求められる価値観

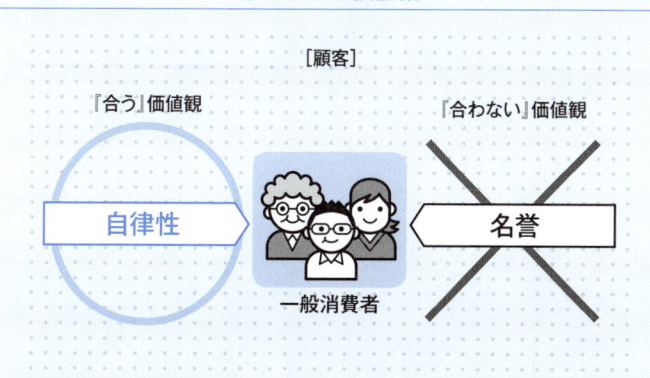

[顧客]

『合う』価値観 — 自律性 → 一般消費者 ← 名誉 — 『合わない』価値観 ×

　カスタマーサポートは、基本的にはユーザーと1対1で対峙する仕事なので、「**自律性**」の価値観が求められます。
　一方で、人から良く見られたいという「**名誉**」の価値観が強い人には向いていません。

7章

流通業の仕事

流通業は、食品や化粧品、家電や自動車といった私たちが日常的に使っているものから、鉄鋼や繊維、半導体やケーブル、医療機器や工作機械といった企業が使うものまで、様々なものを流通することで、収益を上げています。

流通業は、「耐久消費財中心の小売店（家電量販店、ホームセンターなど）」や「生活用品中心の小売店（スーパー、コンビニエンスストア、ドラッグストアなど）」といった小売業と、「専門商社・卸（鉄鋼、化学、医薬品、食品など特定の商材のみを専門に扱う）」や「総合商社」といった商社・卸に分類することができます。流通業のビジネスモデルは、小売業と商社・卸では異なります。小売業の場合、基本的に「調達・物流」→「営業・販促」→「販売」というプロセスで構成されており、生活用品中心の小売では、自社で「商品企画」を行うところが増えています。一方、商社・卸の場合、基本的なプロセスは「調達・物流」→「営業」ですが、総合商社の扱う案件では、近年、自らエネルギーや原料の開発を行うことが増えています。

それぞれ、「商品企画」では自社の顧客に販売する製品を作り、「調達・物流」では、メーカーや生産者などから原料や製品を仕入れて運び、「営業・販促」では製品の情報を顧客に伝えて売り込み、「販売」では実際に店舗で製品を販売します。

いずれも「商品の流通」に、「安さ」「品揃え」「希少性」「安定供給」などの付加価値を付けて利益を得ており、量販店、スーパー、コンビニなどは購買力で「安さ」「品揃え」を、商社・卸はネットワークや情報力で「希少性」「安定供給」「交渉力」を武器にしています。

これらのプロセスを担っているのが、流通業の様々な職種であり、求められる「能力・資質」や「価値観」は異なります。

では次頁以降で、流通業の主要な職種と、求められる「能力・資質」と「価値観」を見ていきましょう。

118

流通業のビジネスモデルと職種の相関図

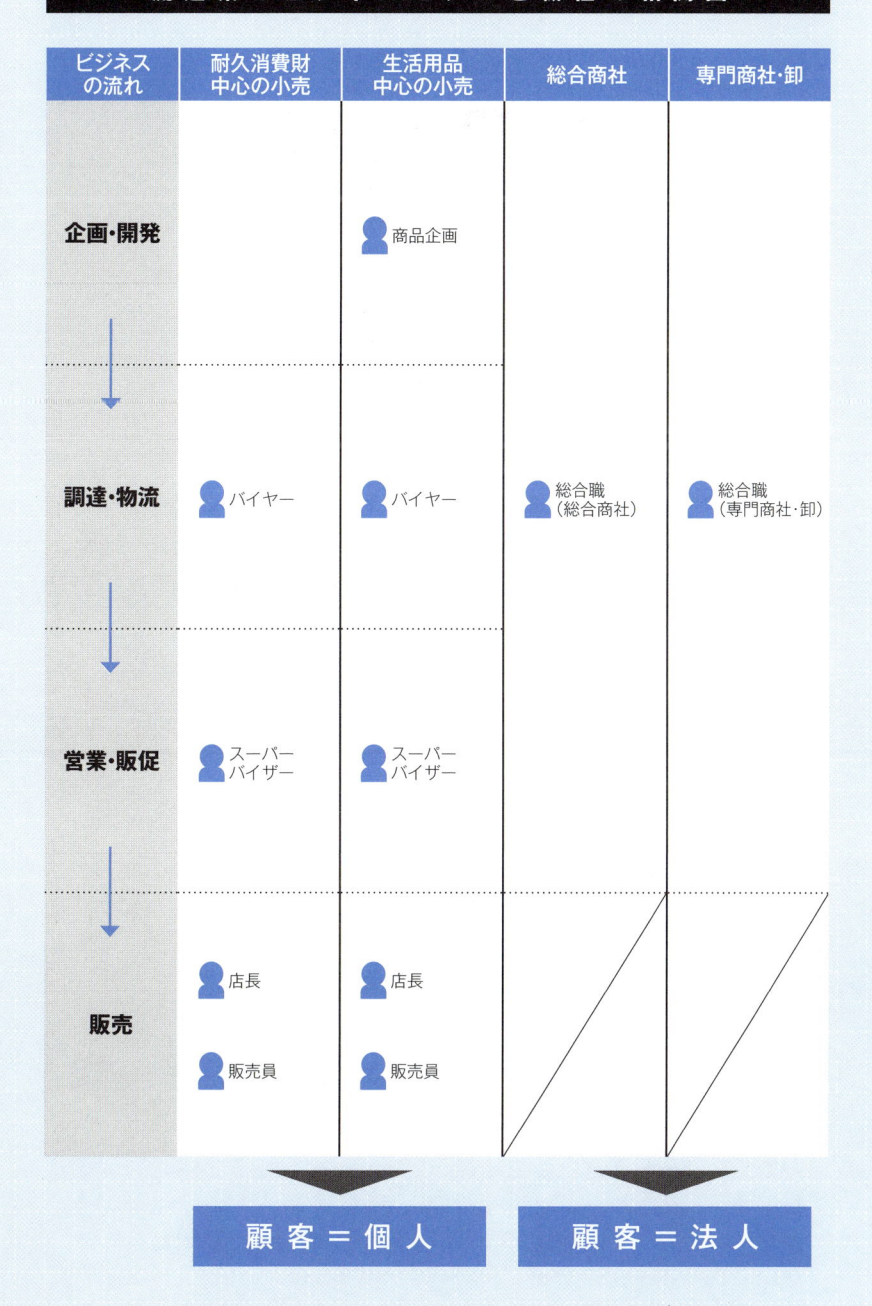

ビジネスの流れ	耐久消費財中心の小売	生活用品中心の小売	総合商社	専門商社・卸
企画・開発		商品企画		
調達・物流	バイヤー	バイヤー	総合職（総合商社）	総合職（専門商社・卸）
営業・販促	スーパーバイザー	スーパーバイザー		
販売	店長 / 販売員	店長 / 販売員		

顧客＝個人（耐久消費財中心の小売・生活用品中心の小売）

顧客＝法人（総合商社・専門商社・卸）

119　7章——流通業の仕事

20 商品企画

顧客　[社内] 経営者　[社外] 一般消費者
職種の別名　PB担当、PB開発

店舗で販売する自社商品を企画開発する仕事

コンビニやスーパーマーケットなどの小売店では、店舗で販売する商品を、メーカーから仕入れるだけでなく、自社でも企画開発しています。「商品開発」の役割は、売筋商品のデータ、消費者の嗜好などを見極め、自社店舗で売れる商品を企画し、メーカーと共同開発することです。商品開発は単に商品を企画するだけでなく、膨大な店舗に商品を供給するために、安定供給に向けた原材料・製造ラインの確保、採算が取れる原材料・製造コストのクリアなど、様々なハードルを乗り越えなければなりません。なお、商品化にあたっては、広告宣伝費も含めて「経営者」の了承が求められます。

■仕事のある業界

小売・通信販売・EC		商社	
耐久消費財	生活用品	総合商社	専門商社
×	△*	×	×

*大手スーパーやコンビニなど、生活用品の小売には、この職種がある企業が増えている。

■似ている仕事
▶プロデューサー（メディア）

■就職要件
▶特になし（基本的に全学部）

point

コスト、製造、物流、宣伝も含めて、商品開発を考えられる人に向いている

求められる能力・資質

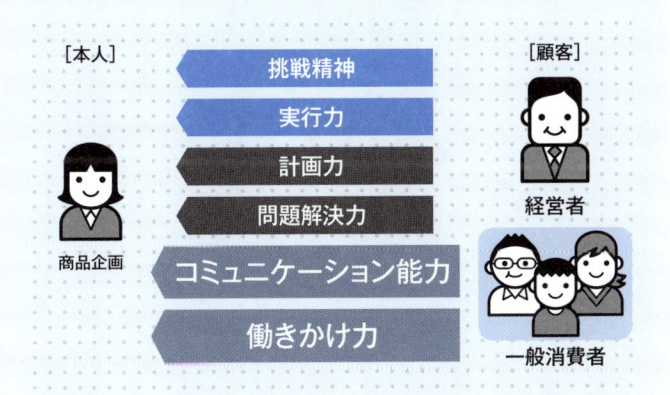

[本人] 商品企画
[顧客] 経営者／一般消費者

- 挑戦精神
- 実行力
- 計画力
- 問題解決力
- コミュニケーション能力
- 働きかけ力

[挑戦精神] コスト、製造、物流などで圧倒的な効率と品質に挑戦する力
[実行力] 商品開発にあたってのハードルを乗り越える力
[計画力] 発売スケジュールに合わせて商品開発を段取れる力
[問題解決力] 商品開発の過程で起こる問題を解決する力
[コミュニケーション能力] 商品開発関係者と意思疎通する力
[働きかけ力] 商品開発の関係者と目的とゴールを共有する力

求められる価値観

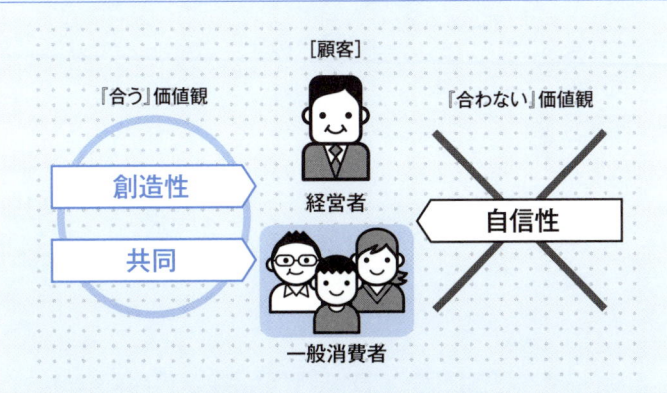

[顧客] 経営者／一般消費者

『合う』価値観
- 創造性
- 共同

『合わない』価値観
- 自信性

　商品開発には、商品企画を作り上げる「**創造性**」はもちろん、多種多様な関係者と仕事を進める「**共同**」の価値観が求められます。
　一方で、思い込みや顧客不在を招きがちな「**自信性**」が強すぎる人には向いていません。

7章——流通業の仕事

21 バイヤー

顧客 [社外] 消費財メーカー営業、生産者
職種の別名 仕入、マーチャンダイザー

消費財メーカーや生産地と交渉して商品を買い付ける仕事

小売や通信販売・ECでは、店舗で販売する商品を消費財メーカーや生産者から仕入れる必要があります。「バイヤー」の役割は、店舗の販売動向やデータ、消費者の興味や嗜好のトレンドなどを見極めた上で、自社の店舗で売れる商品をできる限り安く仕入れることです。様々な取引先から商品の売り込みを受けるバイヤーには、取り扱う商品に関する知識や価格動向、商品の良し悪しを目利きする力などが求められ、それによって、ある意味、店舗の集客力や利益率が決まってきます。なお、希少価値の高い商品、店舗の集客につながる商品については、バイヤー側から取引先に仕入を交渉することもあります。

■仕事のある業界

小売・通信販売・EC		商社	
耐久消費財	生活用品	総合商社	専門商社
〇	〇	×	×

■似ている仕事
▶ 総合職（総合商社）

■就職要件
▶ 特になし（基本的に全学部）

point

自分の知識や経験を信じ、タフな交渉ができる人に向いている

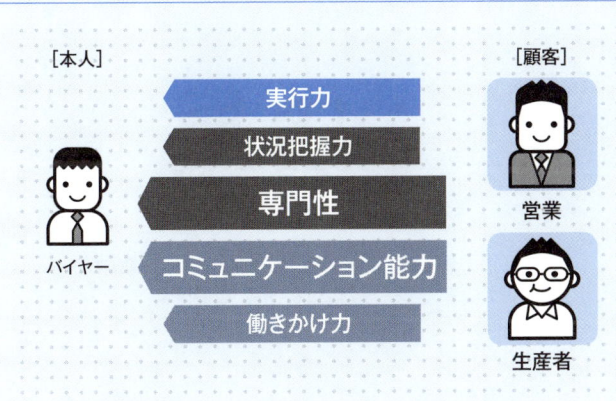

求められる能力・資質

[本人] バイヤー
[顧客] 営業／生産者

- 実行力
- 状況把握力
- 専門性
- コミュニケーション能力
- 働きかけ力

[実行力] 値引きなどのタフな交渉を行う力
[状況把握力] 交渉相手の心理を読む力
[専門性] 製品知識や価格動向などを学ぶ力
[コミュニケーション能力] 仕入先と交渉する力
[働きかけ力] 欲しいものを売ってもらう力

求められる価値観

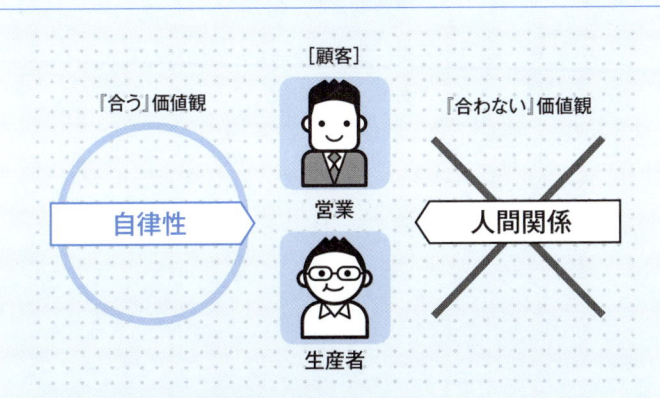

[顧客] 営業／生産者

『合う』価値観　自律性

『合わない』価値観　人間関係

バイヤーには、交渉能力と専門性が必須となるため、プロとして自信を持って判断する「**自律性**」が求められます。

一方で、「**人間関係**」の価値観が強く、交渉相手のことを考慮しすぎてしまう人には向いていません。

22

店長

顧 客 ［社内］販売員　［社外］来店顧客
職種の別名 店舗責任者、店舗運営

責任者として、店舗の経営と販売員のマネジメントをする仕事

小売店では、基本的に店舗単位で収益を上げていくことになります。「店長」の役割は、店舗責任者として、スタッフの管理、育成、売上の収支管理など店舗マネジメント全般を担うことであり、店舗ごとに設定された売上予算達成に向けて、チラシやビラの配布、POPや店頭陳列の手配など、集客や店舗設営の仕事も求められます。また、正社員・契約社員・パートなどで構成される店舗スタッフをまとめ上げる店長にとって、スタッフの採用・教育は一番苦労する部分です。なお、仕事内容が多岐に渡り、責任も重い一方で、店舗の経営者として、店舗運営が成功した際の満足感は高い仕事です。

■仕事のある業界

小売・通信販売・EC		商社	
耐久消費財	生活用品	総合商社	専門商社
○	○	×	×

■似ている仕事
▶店舗責任者（サービス業）

■就職要件
▶特になし（基本的に全学部）

point

スタッフにやる気を出させ、リーダーシップを取れる人に向いている

求められる能力・資質

[本人] 店長

- 責任感
- 実行力
- 課題発見力
- ストレス対処力
- コミュニケーション能力
- 働きかけ力

[顧客] 販売員／来店顧客

[責任感]	店舗の経営者として人やお金を管理する力
[実行力]	本部の運営方針に沿ってやるべきことをやる力
[課題発見力]	店舗運営の課題を把握する力
[ストレス対処力]	人のマネジメントによるストレスに対処する
[コミュニケーション能力]	自分の方針や意図をスタッフに伝える力
[働きかけ力]	店舗のスタッフをまとめる力

求められる価値観

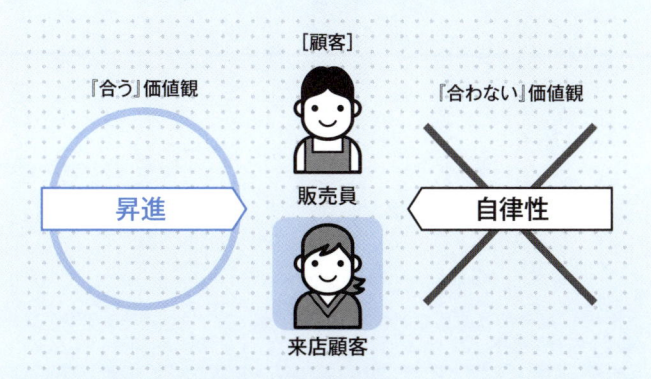

[顧客] 販売員／来店顧客

『合う』価値観：**昇進**

『合わない』価値観：**自律性**

　経営に対する興味や関心が無いと続かない店長には、会社から認められたい「**昇進**」の価値観が求められます。
　一方で、チームを運営していく仕事なので、自己完結する仕事を志向する「**自律性**」が強い人には向きません。

23

販売員

| 顧客 | [社外] 来店顧客 |
| 職種の別名 | 販売スタッフ、店舗スタッフ、販売 |

来店顧客に対し、その好みに応じて商品を勧め、購入をサポートする仕事

小売店には、様々な形で顧客による商品の購入をサポートする機能が必要になります。「販売員」の役割は、店舗に来店した顧客に対して、求めている商品を探したり、アドバイスしたり、対応したりすることで、顧客の商品購入をサポートすることです。販売員の仕事は、基本的に接客なので顧客満足が最優先事項ですが、顧客の対応以外にも、在庫の管理や発注、商品の陳列や入れ換え、ビラやチラシの手配、POPや看板の設置など、店舗運営に関わる様々な業務を行うことが求められます。こうした業務の量が多いので、丁寧な接客と同時に、業務を素早くこなしていく効率性が求められます。

■仕事のある業界

小売・通信販売・EC		商社	
耐久消費財	生活用品	総合商社	専門商社
○	○	×	×

■似ている仕事
▶サービス業の店舗スタッフ

■就職要件
▶特になし（基本的に全学部）

point

効率性と丁寧さのバランスを取りながら業務をこなせる人に向いている

求められる能力・資質

[本人] 販売員
[顧客] 来店顧客

- 実行力
- 習得力
- 状況把握力
- ストレス対処力
- 傾聴力

[実行力]　　多くのやるべきことをこなす力
[習得力]　　製品知識などを取得する力
[状況把握力]　顧客が感じていることを察する力
[ストレス対処力]　職場のストレスに対処する力
[傾聴力]　　隠れた顧客ニーズを探る力

求められる価値観

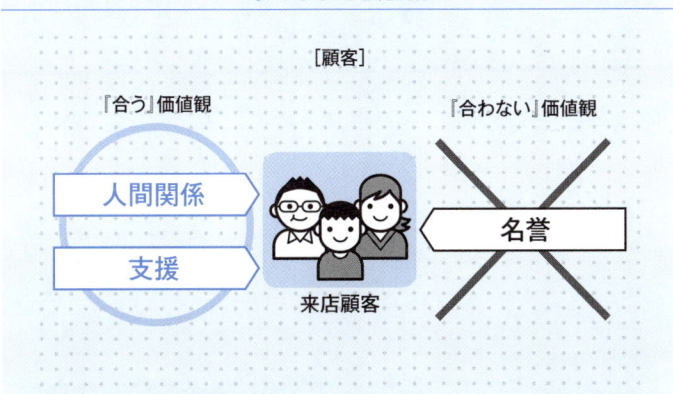

[顧客] 来店顧客

『合う』価値観
- 人間関係
- 支援

『合わない』価値観
- 名誉

　販売員は、顧客に気持ちよく買い物をしてもらうための「**人間関係**」や「**支援**」の価値観が求められます。
　一方で、顧客や職場の同僚よりも自分を優先する「**名誉**」の価値観が強すぎる人には向いていません。

24

スーパーバイザー

顧 客 ［社内］店長 ［社外］フランチャイズオーナー
職種の別名 フィールドマン

複数の店舗を担当して売上向上に向けた提案を行う仕事

チェーン展開している小売店には、店舗によるレベルの差を極力減らし、全体を底上げする機能が必要になります。「スーパーバイザー」の役割は、担当する複数店舗・エリアを定期的に巡回し、在庫管理、商品構成、店舗レイアウト、販売促進策、スタッフへの接客などに関する指導を行うことで、担当店舗の売上を向上させることです。スーパーバイザーはまた、店舗に本社（本部）の方針や情報を伝え、店舗から経営状況などを本社に伝えています。

なお、支援先は自社直営店舗だけでなくフランチャイズ店もあり、後者では、フランチャイズオーナーとの信頼関係構築が重要なミッションとなります。

■仕事のある業界

小売・通信販売・EC		商社	
耐久消費財	生活用品	総合商社	専門商社
△*	△*	×	×

*チェーン展開している小売には、多くの場合、この職種がある。

■似ている仕事
▶営業（耐久消費財）

■就職要件
▶特になし（基本的に全学部）

point

幅広い人から好かれ、運営ノウハウを上手に伝えられる人に向いている

求められる能力・資質

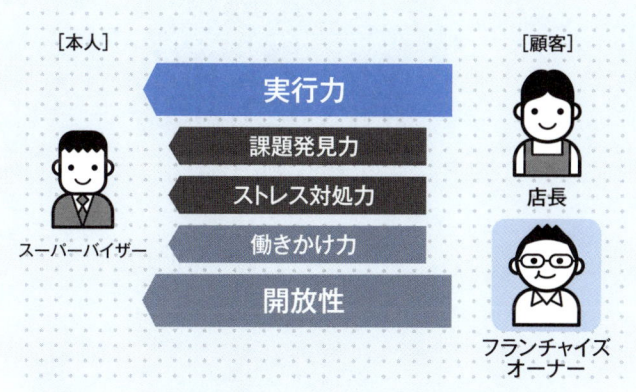

[本人] スーパーバイザー
[顧客] 店長／フランチャイズオーナー

- 実行力
- 課題発見力
- ストレス対処力
- 働きかけ力
- 開放性

[実行力] 店舗運営支援に関するやるべきことを確実に行う力
[課題発見力] 店舗の課題を見つけ出し、改善を提案する力
[ストレス対処力] オーナーと本部の板挟みに耐える力
[働きかけ力] 経営者であるオーナーに本部からの方針を実行してもらう力
[開放性] オーナーに気に入られるため、自分をさらけ出す力

求められる価値観

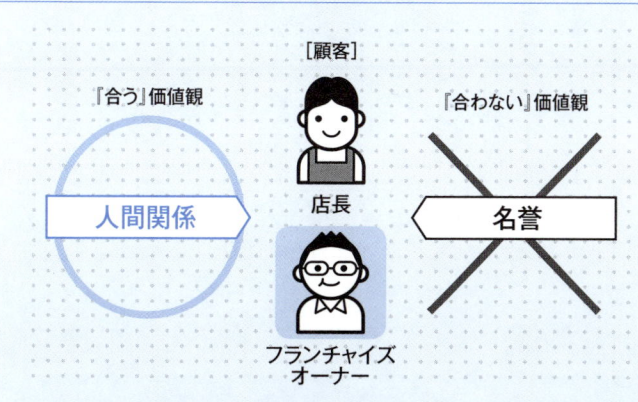

[顧客] 店長／フランチャイズオーナー

『合う』価値観：人間関係
『合わない』価値観：名誉

スーパーバイザーには、オーナーや店長に喜んでもらいたいという「**人間関係**」の価値観が求められます。
一方で、何かを教えたい、賢く見られたいという「**名誉**」の価値観が強すぎる人には向いていません。

7章——流通業の仕事

25

総合職
（総合商社）

顧　客　［社外］顧客企業担当者
職種の別名　特になし

様々な製品やサービスを国内外から買い付けて販売する仕事

総合商社は、原料や食糧、部品や製品などを国内外から買い付け、必要とする企業に販売することで、需要と供給を結び付けています。総合商社の「総合職」の役割は、業界動向や価格状況などに精通することで顧客の需要を汲み取り、必要な製品・サービスを決済・物流・保証とセットで提供することです。総合職の顧客は、資源・エネルギー部門であれば資源国の政府や企業、IT・エレクトロニクス部門であれば関連企業やベンチャーなど、部門によって異なります。また近年は、エネルギー・資源権益の確保や企業・事業への資本参加など、事業立ち上げをアレンジするケースも増えています。

■仕事のある業界

小売・通信販売・EC		商社	
耐久消費財	生活用品	総合商社	専門商社
×	×	○	×

■似ている仕事
▶仕入調達（製造業）

■就職要件
▶特になし（基本的に全学部）

point

交渉が得意で、やる気があり、信頼関係を構築できる人に向いている

求められる能力・資質

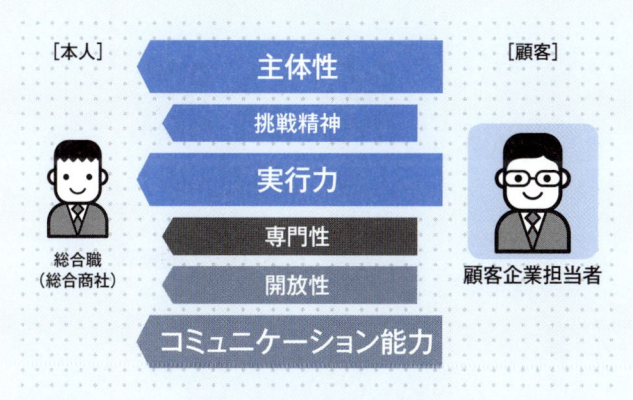

[本人] 総合職（総合商社）
[顧客] 顧客企業担当者

- 主体性
- 挑戦精神
- 実行力
- 専門性
- 開放性
- コミュニケーション能力

[主体性] ビジネスや商売をゼロから作る力
[挑戦精神] 新しい顧客や商売を始める際のリスクを取る力
[実行力] はじめてのビジネスで起こる障害を乗り越えようとする力
[専門性] 自分より専門性の高い相手から学ぶ力
[開放性] 相手に心を開き相手の本音を聴く力
[コミュニケーション能力] 相手と交渉しビジネスをまとめ上げる力

求められる価値観

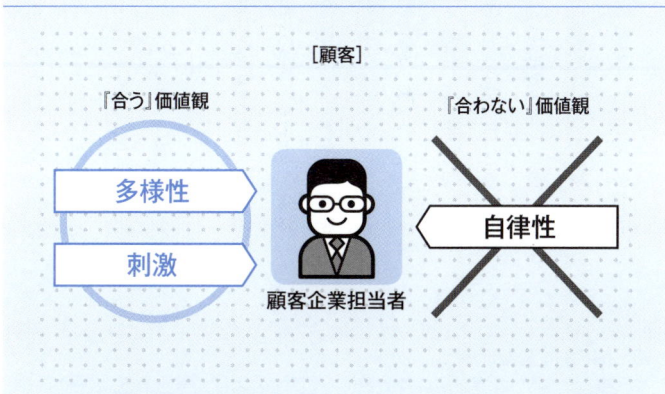

[顧客]

『合う』価値観
- 多様性
- 刺激

『合わない』価値観
- 自律性

顧客企業担当者

多くの利害関係者を巻き込んでビジネスを作り上げていく総合商社の総合職は、立場の違う人間同士の利害調整が必要とされ、「**多様性**」「**刺激**」の価値観が求められます。

一方で、自己完結することは少なく相手のペースや要求に対応する必要があるので「**自律性**」が強すぎる人には向いていません。

26

総合職
（専門商社・卸）

顧客 ［社外］顧客企業担当者
職種の別名 特になし

特定の商品やサービスを国内外から買い付けて販売する仕事

専門商社は、食品や医薬品といった消費財、エネルギーや鉱物といった産業財ごとに、自社が専門とする製品を国内外から買い付けて、それを必要とする企業に販売することで、需要と供給を結び付けています。専門商社の「総合職」は、自社の取引先であるメーカーや流通と深く付き合い、その業界動向や取扱製品の価格状況などに精通することで、顧客の需要をいち早く汲み取り、製品・サービスを決済・物流・保証とセットで提供することです。なお専門商社は、価格や品質もさることながら、安定調達が求められることな、メーカー系専門商社の場合、製品は特定されるものの、価格や納期などの交渉が比較的楽です。

■仕事のある業界

小売・通信販売・EC		商社	
耐久消費財	生活用品	総合商社	専門商社
×	×	×	○

■似ている仕事
▶提案営業（原料・部品メーカー）

■就職要件
▶特になし（基本的に全学部）

point

業界や顧客と深く長く付き合い、信頼関係を構築できる人に向いている

求められる能力・資質

[本人]
- 実行力
- 習得力
- 状況把握力
- 専門性
- 開放性
- 対人関係力

総合職（専門商社） ／ 顧客企業担当者 [顧客]

- [実行力]　必要な資材を納期通りに調達する力
- [習得力]　商習慣や顧客特性を学ぶ力
- [状況把握力]　仕入先と販売先の状況を把握する力
- [専門性]　商品知識を学ぶ力
- [開放性]　相手に心を開き相手の本音を聴く力
- [対人関係力]　顧客と信頼関係を作る力

求められる価値観

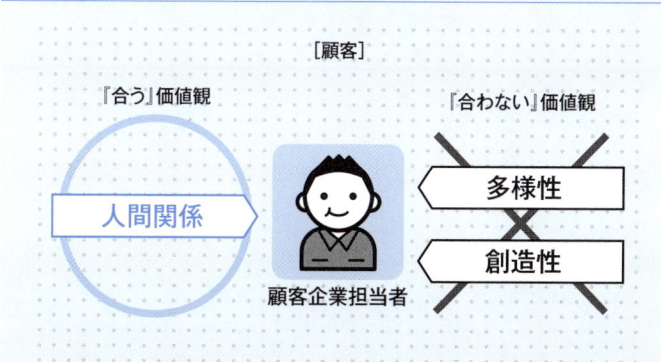

[顧客]

『合う』価値観：人間関係

『合わない』価値観：多様性、創造性

顧客企業担当者

　専門商社の総合職には、仕入先、販売先のどちらとも信頼関係を構築する「**人間関係**」の価値観が求められます。
　一方で、仕入先や販売先が固定されているので、変化や新しいことを求める「**多様性**」「**創造性**」が強すぎる人には向いていません。

7章——流通業の仕事

8章

金融保険業の仕事

金融保険業は、預貯金やローン、クレジットや保険といった私たちが日常的に使っているものから、融資や為替、リースや決済代行といった企業が使うものまで、様々な金融サービスを提供することで、収益を上げています。

金融保険業は、「銀行（都市銀行、地方銀行、信託銀行、ネット銀行など）」や「証券その他（証券会社、クレジットカード、信販、消費者金融など）」といった金融業と、「生命保険」や「損害保険」といった保険業に分類することができます。

　金融保険業のビジネスモデルの特徴は、金融商品、保険商品のいずれもが規制などにより、大きな差を付けることができないことです。そのため、「企画」→「営業」→「サポート」という基本プロセスにおいて、企画の役割の比重が低くなり（働いている職種も少ない）、営業やサポートの比重が高くなります（ほとんどがこの職種に就く）。

　「営業」の役割は、業界によって異なり、銀行であれば企業や個人に融資案件を勧め、証券であれば個人に債券や株式の売買を勧め、生命保険や損害保険であれば個人や企業に保険商品を売り込みます。また「サポート」では、基本的に金融サービスや保険サービス提供に伴う各種事務作業と問題発生時や問い合わせなどの対応を行い、「運用」では調達した資金を短期および長期の金融市場で運用することで収益を上げます。

　なお投資銀行などの外資金融は、顧客の資金調達、M&Aのアレンジと資金提供などを行っているため、ビジネスモデルがまったく異なります。

　これらのプロセスを担っているのが、金融保険業の様々な職種であり、求められる「能力・資質」や「価値観」はそれぞれ異なります。

　では次頁以降で、金融保険業の主要な職種と、求められる「能力・資質」と「価値観」を見ていきましょう。

136

金融保険業のビジネスモデルと職種の相関図

ビジネスの流れ	銀行	証券その他	生命保険	損害保険
企画				
営業	法人営業（都市銀行） 法人営業（地方銀行） プライベートバンカー	営業企画（クレジット・信販） 証券営業 プライベートバンカー	総合職（生命保険）	代理店営業（損害保険）
サポート	銀行事務	顧客窓口（消費者金融）		
運用	ディーラー	ディーラー		

↓

顧客 ＝ 個人、法人

27

総合職
（生命保険）

- 顧客　[社外] 保険外交員
- 職種の別名　リテール

保険外交員をマネジメントし売上を上げる仕事

生命保険会社の多くは、「保険外交員」と呼ばれる生命保険の販売員を通じて、個人向け生命保険の販売・契約を行っています。生命保険の「総合職」の役割は、こうした保険外交員を教育し、モチベーションを管理して、地域単位で設定された売上目標を達成することです。拠点責任者である総合職にとって最も重要なのは、スタッフをなるべく辞めさせずに、売上を上げられるまで育てることであり、人材が足りない場合には、拠点単位で採用することもあります。なお、保険外交員には女性が多く、人間関係の調整は時として難しく、トラブルも発生するので、職場環境の整備が重要になります。

■仕事のある業界

金融		保険	
銀行	証券その他	生命保険	損害保険
×	×	○	×

■似ている仕事
▶ ケアマネージャー

■就職要件
▶ 特になし（基本的に全学部）

point

メンバーを教えて、やる気にさせられる人に向いている

求められる能力・資質

[本人] 総合職（生命保険） / [顧客] 保険外交員

- 実行力
- 問題解決力
- ストレス対処力
- 柔軟性
- 働きかけ力

[実行力]　　　やる気や能力の異なる保険外交員にやるべきことをやらせる力
[問題解決力]　拠点で起こる様々な問題を解決していく力
[ストレス対処力]　マネジメント職としてのストレスに対処する力
[柔軟性]　　　立場の違いや考え方の違うメンバーを受け入れる力
[働きかけ力]　拠点の売り上げ目標を達成するためにメンバーに働きかける力

求められる価値観

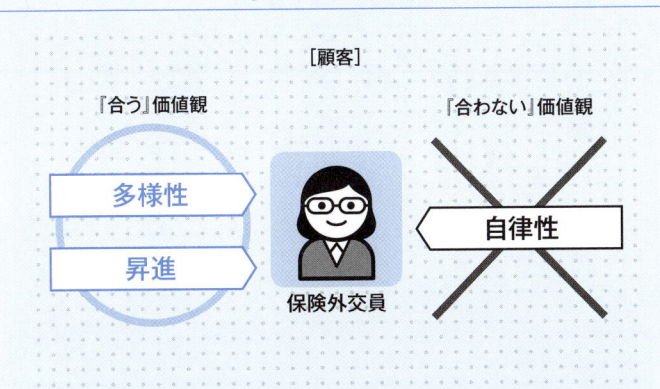

[顧客] 保険外交員

『合う』価値観
- 多様性
- 昇進

『合わない』価値観
- 自律性

　生命保険会社の個人営業は、保険外交員を通じて保険商品を販売するため、スタッフの採用や教育から、拠点の売上管理まで様々な仕事をこなす**「多様性」**の価値観、多くの責任や地位を獲得する**「昇進」**の価値観が求められます。
　一方で、個人で仕事を完結したい**「自律性」**の価値観が強い人には向いていません。

28

代理店営業
（損害保険）

顧 客 ［社外］販売代理店店長
職種の別名 ディーラー営業

保険商品を販売する代理店を
管理・サポートして売上を上げる仕事

損害保険会社の多くは、「保険代理店」と呼ばれる代理店契約を結んだ販売店を通じて、個人・企業向けに損害保険の販売・契約を行っています。損害保険会社の「代理店営業」の役割は、自動車ディーラーや個人代理店などの代理店に売上を上げてもらうため、保険商品の説明、契約手続きや契約内容の管理、各種営業支援といったサポートを提供することです。代理店営業は、代理店が他社の損害保険商品より自社商品を売ってもらうために、代理店の新人教育を支援したり、優良顧客を紹介したりなど、様々な働きかけを行います。なお、顧客への影響力が強い大手代理店は、重要顧客的な存在です。

■仕事のある業界

金融		保険	
銀行	証券その他	生命保険	損害保険
×	×	×	○

■似ている仕事
▶代理店営業（携帯電話）

■就職要件
▶特になし（基本的に全学部）

point

他社とも取引する代理店と関係性を構築し、自社を売り込める人に向いている

求められる能力・資質

[本人] 代理店営業（損害保険）
[顧客] 販売代理店店長

- 実行力
- 課題発見力
- 習得力
- コミュニケーション能力
- 働きかけ力

[実行力]　　　　　　代理店に自社の商品や方針を理解し実行してもらう力
[課題発見力]　　　　代理店の経営課題を見つける力
[習得力]　　　　　　新しい保険商品の知識を取得する力
[コミュニケーション能力]　代理店に自社の方針や補償内容を伝える力
[働きかけ力]　　　　代理店に売り上げや顧客対応力を上げさせる力

求められる価値観

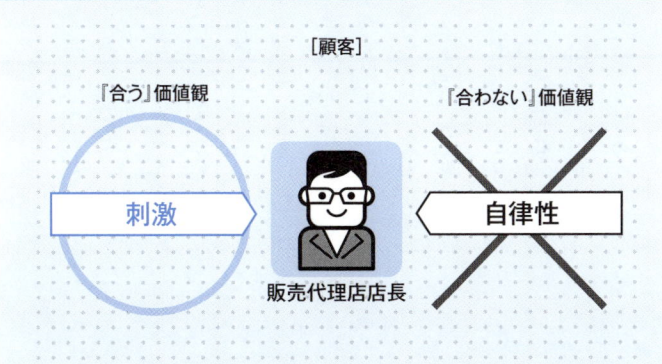

[顧客] 販売代理店店長

『合う』価値観：刺激
『合わない』価値観：自律性

　損害保険会社の代理店営業は、多くの代理店をマネジメントし、そこで起こる様々な出来事や要求を心地よく処理しなくてはならないため、「**刺激**」の価値観が求められます。
　一方で、あらかじめやることが決まっていることに満足できず自ら仕事を作り出したい「**自律性**」の価値観が強い人には向いていません。

29

証券営業

顧 客	[社外] 個人投資家
職種の別名	コンサルティング営業

個人投資家にアプローチして株式・債券を売買してもらう仕事

主に店頭で株を売買する証券会社は、投資に興味のある「個人投資家」に様々な形でアプローチし、株式や債券の売買契約を取り付けることで手数料収入を上げています。「証券営業」の役割は、分析レポートなどを使い、個人投資家に収益が上がりそうな株式・債券を勧めて売買してもらうことです。株主・債券はどこから購入しても変わらないため、証券営業の営業力によって証券会社の売上が大きく変わります。なお、証券会社の収益は個人投資家から預かる金額に比例するので、金額が大きいほど営業成績は伸ばせますが、顧客が損をした場合には、投資家から叱責を受けることになります。

■仕事のある業界

金融		保険	
銀行	証券その他	生命保険	損害保険
×	△*	×	×

*証券会社などに、この職種はある。

■似ている仕事
▶特になし

■就職要件
▶特になし(基本的に全学部)

point

自らを強く売り込みつつも、顧客に信用される人に向いている

求められる能力・資質

[本人] 証券営業 → 積極性 / 実行力 / 計画力 / ストレス対処力 / 働きかけ力 → [顧客] 個人投資家

- [積極性] 顧客を探し、信用を得るまで通い詰める強い働きかけ力
- [実行力] 顧客に断られてもへこまずに働きかけを継続する力
- [計画力] 収益目標を達成するための行動計画を立てる力
- [ストレス対処力] 損をした顧客からのクレームや叱責に耐える力
- [働きかけ力] 顧客の利益を追求する人間であることを伝える力

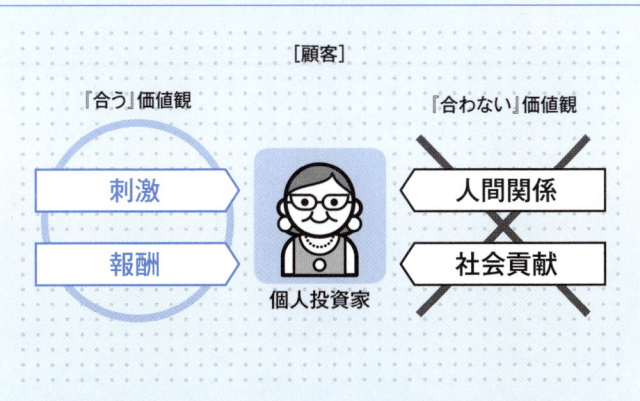

求められる価値観

[顧客] 個人投資家

『合う』価値観：刺激／報酬

『合わない』価値観：人間関係／社会貢献

　証券営業には、新しい顧客を探す「**刺激**」や、営業成績から高額の報酬を得る「**報酬**」などの価値観が求められます。
　一方で、人間の一番の本音が出るお金を預かり、損得を作り出すため、「**人間関係**」や「**社会貢献**」の価値観が強い人には向いていません。

30

顧客窓口
（消費者金融）

- 顧客　［社外］一般消費者
- 職種の別名　営業事務

短期の資金需要を持つ個人顧客に融資を実行し、返済を支援する仕事

消費者金融は、一時的な資金需要を持つ個人顧客に短期の貸し付けを行い、その貸付金利を収益としています。消費者金融では、基本的には顧客が自ら融資を申し込みに来るので個人向けの営業活動は行っていません。「顧客窓口」の主な役割は、電話やビラ配りによる店舗・無人貸付機への集客と融資返済の働きかけです。具体的には、借り主の相談に乗り、返済プランを立て、期日に訪問して返済金を徴収します。なお、消費者金融では、いわゆる「グレーゾーン金利」が廃止されたり、強引な返済要求や貸し付けが禁じられたりなど、法規制が強化されたため、業務の中心は、「短期少額融資」となっています。

■仕事のある業界

金融		保険	
銀行	証券その他	生命保険	損害保険
×	△*	×	×

*消費者金融などに、この職種はある。

■似ている仕事
▶店頭窓口担当（旅行代理店）

■就職要件
▶特になし（基本的に全学部）

point

様々なインフラを使い、顧客の借入・返済を支援できる人に向いている

求められる能力・資質

[本人] ／ [顧客]

- 実行力
- 状況把握力
- 傾聴力
- 働きかけ力

顧客窓口（消費者金融） ／ 一般消費者

[実行力] 顧客開拓と融資回収など、やらなければいけないことを確実に実行する力
[状況把握力] 顧客の状況を把握し無理のない返済を依頼する力
[傾聴力] 顧客の話を聴き、立場を理解する力
[働きかけ力] 顧客の立場や状況を理解しつつも返済を要求する力

求められる価値観

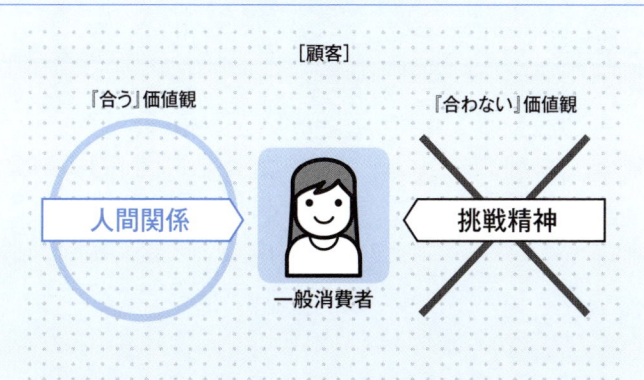

[顧客]

『合う』価値観：人間関係
『合わない』価値観：挑戦精神

一般消費者

　消費者金融の顧客窓口には、顧客に最も近い金融サービスを提供するため、「**人間関係**」の価値観が求められます。
　一方で、ビジネスとしての仕組みが出来上がっているため、自ら新しいことにチャレンジしたい「**挑戦精神**」の価値観が強い人には向いていません。

31 営業企画
(クレジット・信販)

顧 客 [社外] 一般消費者
職種の別名 営業、個人営業

自社のクレジットカードの個人顧客を獲得する仕事

クレジットカード・信販会社は、自社が発行するカードを個人顧客に利用してもらうことで、個人からキャッシングやローンの貸付金利を徴収しつつ、カード利用先企業からカード利用手数料を徴収することで収益を上げています。利用回数が増えるほど利益が上がるクレジットカード・信販の「営業企画」は、自社カード利用者獲得の役割を担っています。

具体的には、小売店などとの提携による入会企画や入会特典付きキャンペーンを企画・実施し、しばしば実際にイベントや入会窓口にも出向き、サポートします。なお近年、クレジットカードの普及が進んでいるため、インセンティブは必須になっています。

■仕事のある業界

金融		保険	
銀行	証券その他	生命保険	損害保険
×	△*	×	×

*クレジットカード会社・信販会社などに、この職種はある。

■似ている仕事
▶自動車販売(大衆車)

■就職要件
▶特になし(基本的に全学部)

point

他企業との提携や新サービスなどを企画できる人に向いている

求められる能力・資質

[本人] 営業企画（クレジット・信販） ⇔ [顧客] 一般消費者

- 創造力
- 実行力
- **計画力**
- 働きかけ力

[創造力]　会員獲得の方法を考え試行錯誤する力
[実行力]　獲得数の目標を達成するために獲得の地味な業務も実行する力
[計画力]　目標達成のための ToDo とスケジュールを作る力
[働きかけ力]　顧客獲得のために関係者を巻き込む力

求められる価値観

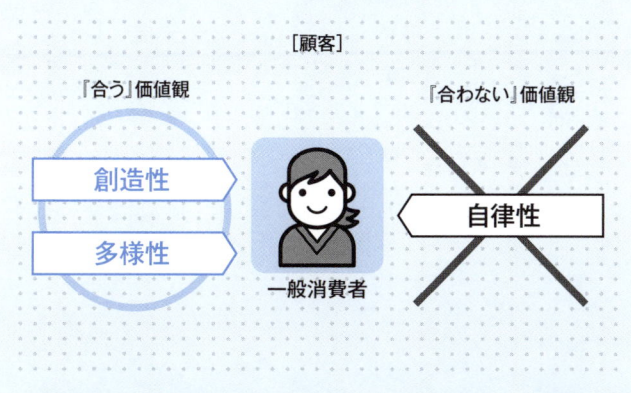

[顧客] 一般消費者

『合う』価値観
- 創造性
- 多様性

『合わない』価値観
- 自律性 ✕

　営業企画（クレジット・信販）には、新しい試みを続ける「**創造性**」、変化のある仕事に対応する「**多様性**」の価値観が求められます。
　一方で、提携先とのチームでの仕事になるので、自己完結型の仕事を志向する「**自律性**」の価値観が強い人には向いていません。

32

法人営業
（都市銀行）

顧客 ［社内］本部担当者　［社外］中小企業経営者、財務担当者
職種の別名 渉外担当、融資担当

様々な企業に融資を中心とした金融サービスを売り込み、提供する仕事

銀行は、長期あるいは短期の資金需要を持つ企業に融資し、その貸付金利を収益としています。都市銀行の「法人営業」の役割は、担当企業の財務担当や経営者を訪問し、資金需要や金融サービスのニーズを探り、融資と付随するサービスを提供することです。また、優秀な法人営業は、海外進出、M&A、仕入・販売先の拡充、財務・人事制度の整備など、様々な相談を受けることになります。なお、規制業種なので、サービス内容が他行と大きく異なることはなく、担当企業の商品やサービス、取引先や仕入先などを理解し、経営者との間に信頼関係を構築できることが、競争相手との差別化の要因となります。

■仕事のある業界

金融		保険	
銀行	証券その他	生命保険	損害保険
△*	×	×	×

＊主にメガバンクにある職種である。

■似ている仕事
▶特になし

■就職要件
▶特になし（基本的に全学部）

point

経営者と人間関係を築き、顧客と本部のバランスが取れる人に向いている

求められる能力・資質

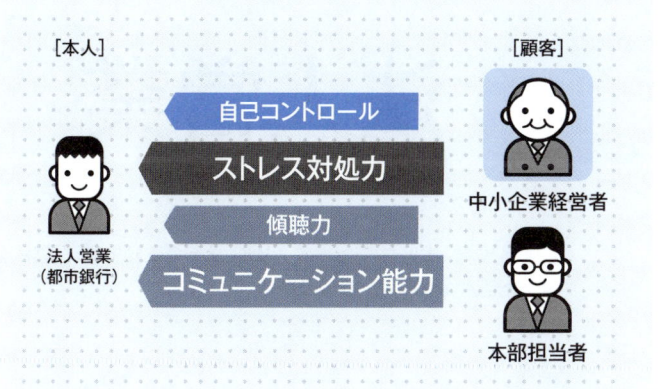

[本人] 法人営業（都市銀行）

[顧客] 中小企業経営者／本部担当者

- 自己コントロール
- ストレス対処力
- 傾聴力
- コミュニケーション能力

[自己コントロール] 経営者と審査部門の板挟みになる矛盾を受け入れる力
[ストレス対処力] 経営者と審査本部との難しいやり取りに耐える力
[傾聴力] 経営者の思い、会社の経営状況を深く聴く力
[コミュニケーション能力] 担当企業を評価し思い入れを持っていると伝える力

求められる価値観

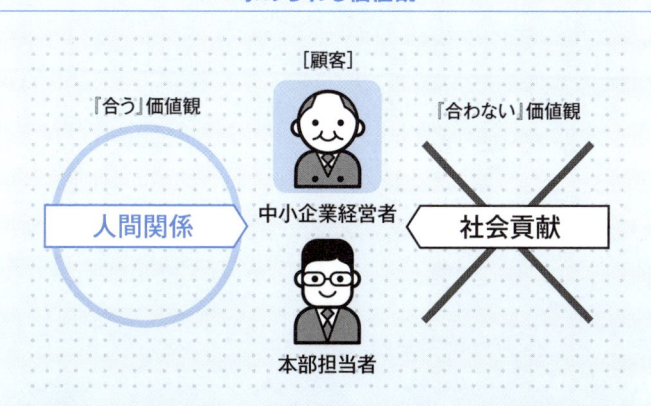

[顧客] 中小企業経営者／本部担当者

- 『合う』価値観：人間関係
- 『合わない』価値観：社会貢献

　銀行の法人営業は、財務担当者や経営者に企業の経営課題を相談できる人材だと思われることが重要なので、信頼関係を構築する「人間関係」の価値観が求められます。
　一方で、リスクを取って融資できるわけではないので、「社会貢献」の価値観が強すぎる人には向いていません。

8章――金融保険業の仕事

33

法人営業
（地方銀行）

顧客 ［社内］本部担当者　［社外］地元企業経営者、財務担当者
職種の別名 渉外担当、融資担当

地元中小企業経営者に、融資のほか様々な金融サービスを提供する仕事

地方銀行は、資金需要を持つ地元企業や自治体に対して、融資を行いつつ、付随する金融サービスを提供することで、収益を上げています。地方銀行の「法人営業」の役割は、担当する地域企業の経営者を定期的に訪問し、資金需要や各種金融サービスを提供することです。都市銀行とは異なり、地元中小企業を長期的な視点で支えることが多いため、融資案件の実行だけでなく、経営者の様々な相談に乗るのも、案件獲得に向けた重要な業務です。担当企業の製品やサービスの理解はもちろん、取引先や仕入先なども把握し、その企業の売上拡大に自行が貢献できることを訴えることが求められます。

■仕事のある業界

金融		保険	
銀行	証券その他	生命保険	損害保険
△	×	×	×

＊地方銀行のほか、信用金庫や信用組合にこの職種がある。

■似ている仕事
▶地方公務員（地域振興課）

■就職要件
▶特になし（基本的に全学部）

point

地域に根差し、顧客と関係性を築き、長期スパンで働きたい人に向いている

求められる能力・資質

[本人] 法人営業（地方銀行）

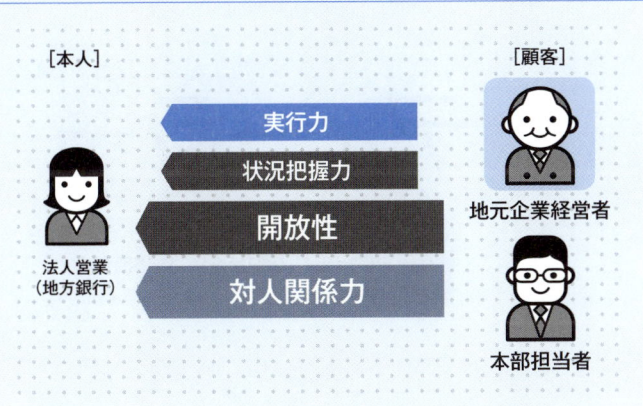

- 実行力
- 状況把握力
- 開放性
- 対人関係力

[顧客] 地元企業経営者／本部担当者

- [実行力] 中小企業の顧客開拓など地味な仕事を確実に行う力
- [状況把握力] 地元企業の力関係や商業慣習を把握する力
- [開放性] 地元企業経営者に可愛がられる力
- [対人関係力] 敵を作らず多くの顧客と長く付き合える力

求められる価値観

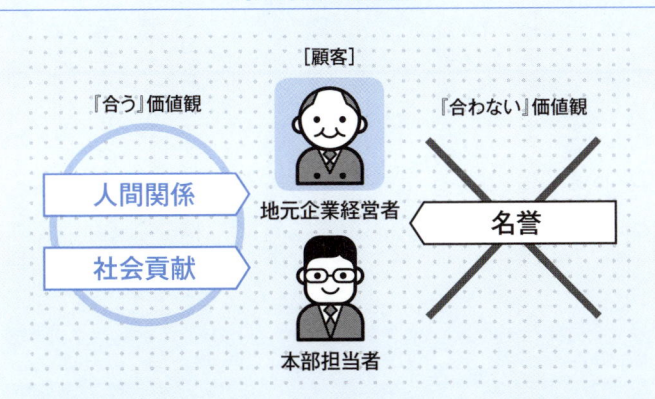

[顧客] 地元企業経営者／本部担当者

『合う』価値観
- 人間関係
- 社会貢献

『合わない』価値観
- 名誉 ✗

　地方銀行の法人営業は、敵を作らず経営者に愛されることで地元の顧客と深く長く付き合うための「**人間関係**」、地域に対する「**社会貢献**」といった価値観が求められます。
　一方で、特定の企業への過度な支援、大きな成果を上げて目立ちたいという「**名誉**」の価値観が強い人には向いていません。

34

ディーラー

顧客　[社外] 機関投資家、市場関係者
職種の別名　運用担当、トレーダー

機関投資家から集めた資金を運用することで、収益を上げる仕事

銀行は、年金基金や生命保険会社といった「機関投資家」から集めた資金を運用し、運用益を上げています。「ディーラー」の役割は、経済関連情報を様々な角度から分析することで、金融市場の動向を読み、債券、株式、為替を売買することで、利鞘を稼ぐことです。ディーラーが運用する資金は巨額なので、売買には高度な金融知識が必要になります。

ディーラーの給与は運用成績に連動していることが多く、優秀なディーラーは巨額の年収を得ることも可能です。なお、ディーラーは、つねに世の動きや変化に敏感でなければならず、しかも結果がすべてなので、若くして引退する人間も多いようです。

■仕事のある業界

金融		保険	
銀行	証券その他	生命保険	損害保険
○	△*	×	×

*銀行のほか、証券会社などにこの職種がある。

■似ている仕事
▶特になし

■就職要件
▶特になし（基本的に全学部）

製造業 / 流通業 / 金融保険業 / 情報通信業 / サービス業 / バックオフィス

point: **ストレスに強く、モノやお金に対する執着が強い人に向いている**

求められる能力・資質

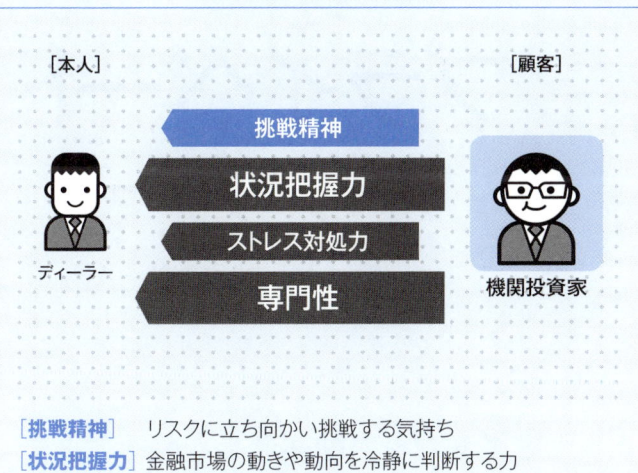

[本人] ディーラー — 挑戦精神・状況把握力・ストレス対処力・専門性 — [顧客] 機関投資家

- [挑戦精神] リスクに立ち向かい挑戦する気持ち
- [状況把握力] 金融市場の動きや動向を冷静に判断する力
- [ストレス対処力] 巨額の資金を自分の判断で動かすプレッシャーに打ち勝つ力
- [専門性] 高度な金融知識を学ぶ力

求められる価値観

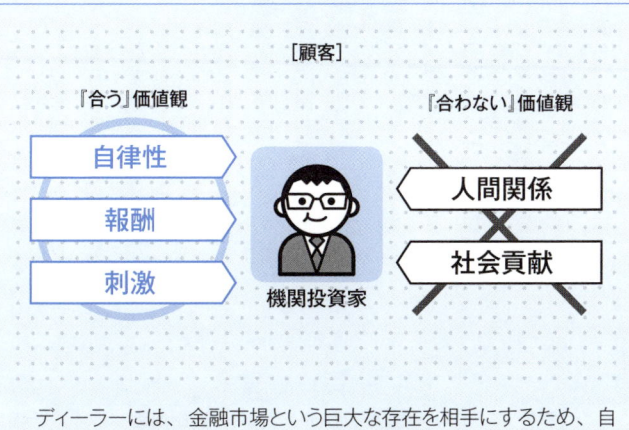

[顧客] 機関投資家

『合う』価値観:自律性／報酬／刺激
『合わない』価値観:人間関係／社会貢献

　ディーラーには、金融市場という巨大な存在を相手にするため、自分を律して責任を取る「**自律性**」、成績が明確に出て評価や給与につながるため、「**報酬**」「**刺激**」の価値観が求められます。
　一方で、結果を出すことに集中しなくてはならないため、「**人間関係**」「**社会貢献**」の価値観が強い人には向いていません。

153　8章──金融保険業の仕事

35 プライベートバンカー

顧客	[社外] 富裕層
職種の別名	資産運用担当

様々な投資関連商品を使うことで富裕層の資産を増やし、手数料を稼ぐ仕事

銀行あるいは証券会社では、富裕層を対象に、その資産を総合的に管理する金融サービスを提供しています。「プライベートバンキング」の役割は、資産の管理や運用、資産や事業の継承のサポート、信託業務、遺言執行といったサービスを、富裕層の顧客の要望に応じて実際に提供することです。顧客の要望は、多くの場合、法律や税務に絡むことが多いため、弁護士、税理士、会計士などの信頼できるネットワークが必要になります。なお、子供の教育や趣味に関する要求に応えることも多く、顧客の家族と深く関わることも多く、担当顧客の趣味、嗜好性、性格などを熟知しておかなくてはなりません。

■仕事のある業界

金融		保険	
銀行	証券その他	生命保険	損害保険
○	△*	×	×

*銀行のほか、証券会社などにこの職種が存在する。

■似ている仕事
▶コンシェルジュ（ホテル）

■就職要件
▶特になし（基本的に全学部）

point

顧客からの要求を受け入れ、顧客からも愛される人に向いている

求められる能力・資質

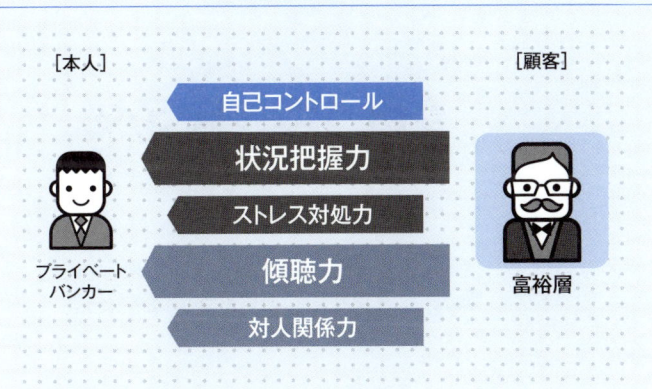

[本人] プライベートバンカー
[顧客] 富裕層

- 自己コントロール
- 状況把握力
- ストレス対処力
- 傾聴力
- 対人関係力

[自己コントロール] 自分の感情より顧客の気持ちを受け止めることを優先できる力
[状況把握力] 顧客の本当の要求や希望を察知できる能力
[ストレス対処力] 運用がうまくいかないなど顧客からのクレームに対処する力
[傾聴力] 顧客のニーズをしっかりと聴く力
[対人関係力] ビジネスだけではなく顧客のプライベートも含め関係性を作り上げる力

求められる価値観

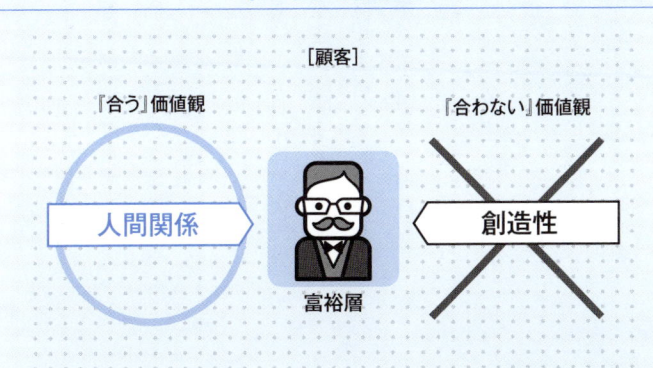

[顧客] 富裕層

『合う』価値観 → 人間関係
『合わない』価値観 → 創造性 ×

富裕層という限られた層を対象とするプライベートバンキングには、顧客と長期にわたる信頼関係を作る「**人間関係**」の価値観が求められます。

一方で、提案できる金融商品は決まっているので、新たな価値を顧客にしたいなど、「**創造性**」の価値観が強い人には向いていません。

8章――金融保険業の仕事

36

銀行事務

顧客 ［社内］本部担当者　［社外］来店顧客
職種の別名 後方事務、窓口担当、相談業務担当

入出金、振込、為替といった各種銀行事務を行う仕事

銀行では、リテール業務（消費者向け業務）に伴う入出金の手続き、為替業務に伴う両替・海外送金、法人業務に伴う振込・決済手続きなど、様々な金融事務が発生します。「銀行事務」の役割は、来店する顧客への案内業務はもちろん、こうした銀行の事務手続きをルールと手順に沿ってこなすとともに、それに伴う現金の取扱業務を確実に間違えずに処理し、その情報を銀行本部と共有することです。また近年、投資信託、保険、年金など、銀行窓口で取り扱う金融商品の数が増えてきているため、銀行事務にも、こうした商品の知識を習得し、顧客に対して商品を紹介することが求められるようになりつつあります。

■仕事のある業界

金融		保険	
銀行	証券その他	生命保険	損害保険
○	×	×	×

■似ている仕事
▶経理

■就職要件
▶特になし（基本的に全学部）

point

堅実かつ実直に仕事に向き合い、決められたことを守れる人に向いている

求められる能力・資質

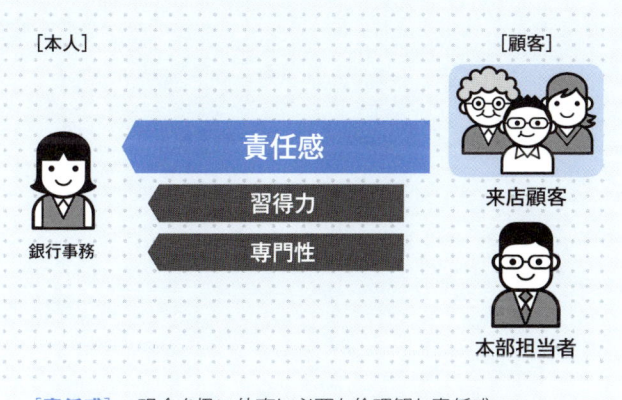

[本人] 銀行事務 ← 責任感／習得力／専門性 ← [顧客] 来店顧客、本部担当者

- [責任感] 現金を扱い仕事に必要な倫理観と責任感
- [習得力] 業務ルールや新しい金融商品の知識を習得する力
- [専門性] 金融の専門知識を学ぶ力

求められる価値観

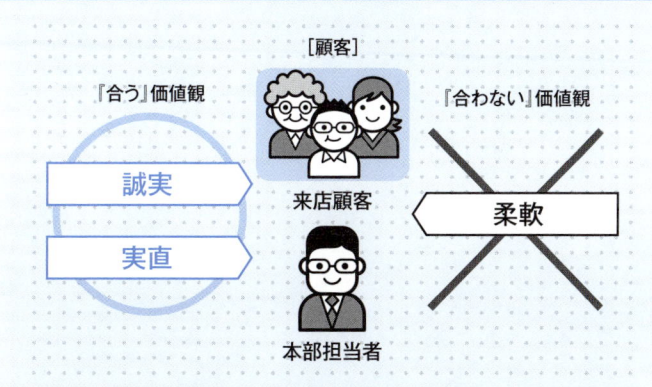

[顧客] 来店顧客、本部担当者

『合う』価値観：誠実、実直

『合わない』価値観：柔軟

　各種窓口業務を確実かつ素早く行う銀行事務には、現金を扱うための「誠実」と「実直」の価値観が求められます。
　一方で、規則を守ることが強く求められるので、「柔軟」の価値観が強すぎる人には向いていません。

9章

情報通信業の仕事

情報通信業は、通信やソフト、メディアやコンテンツといった私たちが日常的に使っているものから、システムやネットワーク、広告やプロモーションといった企業が使うものまで、様々なサービスを提供することで、収益を上げています。

情報通信業は、「IT（受託システム開発、ソフトウェア、ウェブサービスなど）」や「通信（モバイル通信、固定通信、インターネットなど）」といった通信・IT業と、「メディア（テレビ、新聞、インターネット、ラジオなど）」や「コンテンツ（ゲーム、出版、音楽、映画・映像など）」といったメディア・コンテンツ業に分類することができます。

情報通信業のビジネスモデルは基本的に、「企画」→「開発」→「運用」→「営業」というプロセスで構成されています。それぞれ「企画」では、新しいソフトウェアやサービスやコンテンツなどを企画し、「開発」では企画に基づいてそれらを作り、「運用」では保守・改修・改善などを行います。ただし、メディア・書籍・音楽などの場合、運用サービスを行っていないところも少なくありません。

「営業」は消費者向けと企業顧客向けに分かれています。消費者向けの営業は様々な販売チャネルを通じて、ソフトウェアやサービスやコンテンツを販売しています。一方、企業顧客向けの営業は、代理店などを通じて広告枠を販売するモデルと、顧客向けにカスタマイズしたソフトウェアやサービスを販売するモデルがあります。

これらのプロセスを担っているのが、情報通信業の様々な職種です。同じ情報通信業でも、業界によって顧客や扱う製品・サービスが異なるため、そのプロセスを担う職種の呼び名や役割は異なり、当然、求められる「能力・資質」「価値観」も変わってきます。

では次頁以降で、情報通信業の主要な職種と、求められる「能力・資質」と「価値観」を見ていきましょう。

情報通信業のビジネスモデルと職種の相関図

ビジネスの流れ	IT	通信	メディア	コンテンツ
企画	サービス企画	サービス企画	記者	編集者
				プロデューサー
開発	システムエンジニア	システムエンジニア	プロデューサー	ウェブデザイナー
	アプリケーションエンジニア			アプリケーションエンジニア
	ウェブデザイナー		ウェブデザイナー	
	ネットワークエンジニア	ネットワークエンジニア		ネットワークエンジニア
運用	運用エンジニア	運用エンジニア		運用エンジニア
営業	システム営業	法人営業（通信）	広告営業	広告営業
		代理店営業（通信）	求人広告営業	ネット広告営業
			ネット広告営業	

顧客 ＝ 個人、法人

37

記者

顧 客	[社外] 取材対象者
職種の別名	編集記者、事件記者、報道記者

世の中の様々な出来事を取材し、それを記事にして、読者に伝える仕事

新聞社は、世の中の様々なニュースを、新聞というパッケージにまとめ、読者に販売しています。「記者」の役割は、政治・経済・社会・文化関連の出来事を記事にして、読者に伝えることです。記者は、国会や官公庁、企業や警察など、世の中を動かす大きな出来事に関する情報が集まっている場所に頻繁に出入りしたり、事故や事件や紛争などの現場に行ったりすることで、情報を集めることになります。なお最近は、先端技術や金融工学のように、その分野に精通していないと出来事の意味や価値を正確に捉えられないことも増えており、取材対象者を探し話を聞く以外にも、様々な知識が求められるようになっています。

■仕事のある業界

通信・IT		メディア・コンテンツ	
IT	通信	メディア	コンテンツ
×	×	△*	△

*新聞社のほか、出版社、一部のウェブメディアにこの職種がある。

■似ている仕事
▶特になし

■就職要件
▶特になし（基本的に全学部）

point

人脈を作り、出来事の本質を理解し、文章で表現できる人に向いている

求められる能力・資質

[本人] 記者
[顧客] 取材対象者

- 責任感
- 実行力
- 課題発見力
- 状況把握力
- 傾聴力
- 対人関係力

[責任感] 世の中の出来事を正確に伝えようとする意思
[実行力] 取材の障害を乗り越える力
[課題発見力] 出来事の問題点を発見する力
[状況把握力] 取材するための方法や対象を判断する力
[傾聴力] 取材対象に本音を話してもらう力
[対人関係力] 情報源となる人脈を作る力

求められる価値観

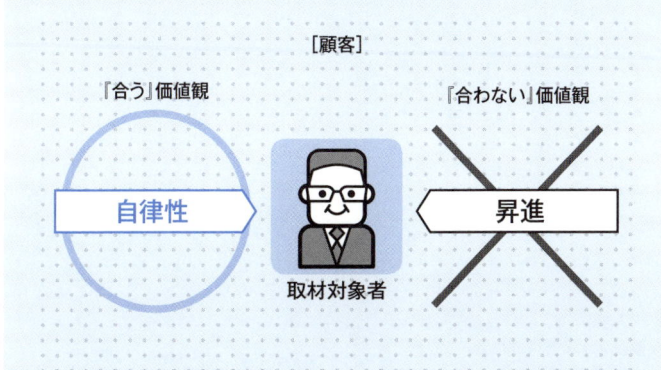

[顧客] 取材対象者

『合う』価値観：自律性
『合わない』価値観：昇進

　記者には、取材をして事実を明らかにしていく上で、外部に左右されず自ら判断する**「自律性」**の価値観が求められます。
　一方で、事実を明らかにしていく仕事なので部下を多く持ちたいという**「昇進」**の価値観が強い人には向いていません。

9章——情報通信業の仕事

38

編集者

顧客	[社外] 読者、著者
職種の別名	編集、エディター、出版プロデューサー

書籍や雑誌・ウェブの記事を企画し関係者とともに作り上げる仕事

出版社は、書籍や雑誌を読者に販売することにより、収益を上げています。「編集者」の役割は、読者に伝えたい内容を雑誌記事や書籍の企画に落とし込み、アサインした著者・ライターなどとともに雑誌記事や書籍に仕立て上げることです。編集者は、スケジュールやコストの管理、取材のアレンジ、デザイナーやイラストレーターやカメラマンの手配、原稿の整理修正、紙面デザインの発注、校正などを行うことになります。なお、実際の作業内容は、ジャンルや媒体、会社や編集部によって様々であり、なかには執筆からDTP、撮影まで様々な業務のすべてをこなすことが求められる会社もあります。

■仕事のある業界

通信・IT		メディア・コンテンツ	
IT	通信	メディア	コンテンツ
×	×	△*	△*

*出版社のほか、一部の新聞社、ウェブメディアにこの職種がある。

■似ている仕事
▶特になし

■就職要件
▶特になし（基本的に全学部）

point

> 世の流れと興味を上手に企画に落とし、ハードワークできる人に向いている

求められる能力・資質

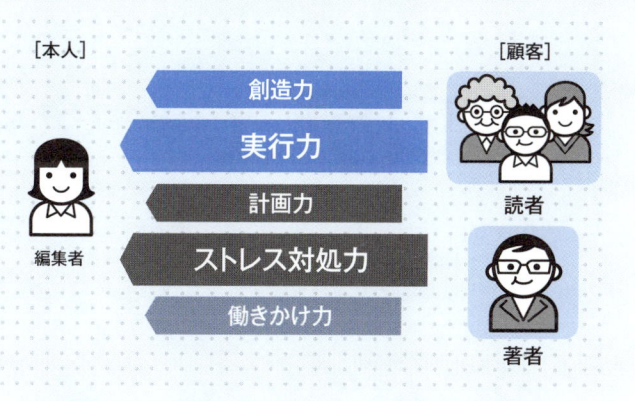

[本人] 編集者
- 創造力
- 実行力
- 計画力
- ストレス対処力
- 働きかけ力

[顧客] 読者／著者

- [創造力]　　　読者に興味を持たせる企画を生み出す力
- [実行力]　　　関係者に様々なやるべきことを実行させる力
- [計画力]　　　企画実現の段取りや手順を組む力
- [ストレス対処力]　突発的なトラブルや問題に対処する力
- [働きかけ力]　関係者にこちらの意図を表現してもらうように働きかける力

求められる価値観

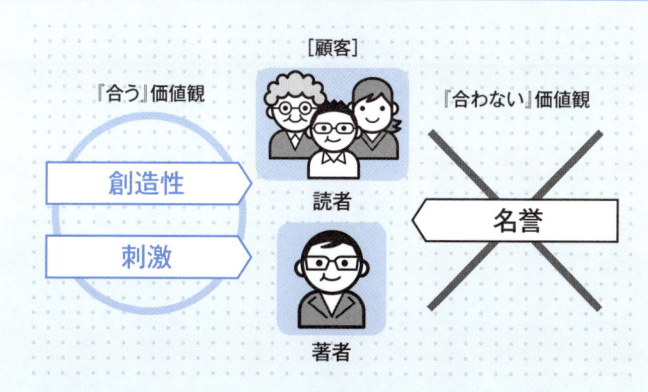

[顧客] 読者／著者

『合う』価値観
- 創造性
- 刺激

『合わない』価値観
- 名誉 ✕

　編集者には、自分の企画を実現するための「**創造性**」、スケジュールや入稿に追われるプレッシャーに強い「**刺激**」の価値観が求められます。
　一方で、否定的な感想を受け止める必要があるので、人から称賛されたい「**名誉**」の価値観が強い人には向いていません。

39

プロデューサー

顧客 [社外] 脚本家、クライアント、出演者
職種の別名 制作責任者

番組を企画し、脚本家・出演者をアサインし、制作のスケジュール・予算を管理する仕事

テレビ局は、社内あるいは社外で制作した番組を放送し、番組間に流すコマーシャル枠を販売することで収益を上げています。

「プロデューサー」の役割は、多くの消費者が視る番組を企画し、脚本家や出演者やディレクターをアサインし、番組制作の予算とスケジュールを管理することです。

プロデューサーには、関係者のトラブル処理、予算・スケジュールの調整など、番組制作全体のマネジメントが求められます。ストレスのかかることが多く、長時間労働も求められるプロデューサーは、番組制作が好きでないと続かない仕事であり、作りたい番組の意図を、情熱を持って伝えることが必要になります。

■仕事のある業界

通信・IT		メディア・コンテンツ	
IT	通信	メディア	コンテンツ
×	×	△*	△*

＊テレビ局のほか、一部のウェブメディアにこの職種がある。

■似ている仕事
▶プロジェクトマネージャー（システム開発）

■就職要件
▶特になし（基本的に全学部）

point

多くの利害関係者の調整、予算の管理などができる人に向いている

求められる能力・資質

[本人] プロデューサー

- 自己コントロール
- 積極性
- 問題解決力
- ストレス対処力
- コミュニケーション能力
- 働きかけ力

[顧客]
- 脚本家
- クライアント

[自己コントロール] 突発的なトラブルにも動じない力
[積極性] 関係者に積極的に働きかける力
[問題解決力] 発生する問題をうまく解決する力
[ストレス対処力] 利害調整などのストレスに対処する力
[コミュニケーション能力] 思いや意思を伝える力
[働きかけ力] 利害関係者と目的を共有し導く力

求められる価値観

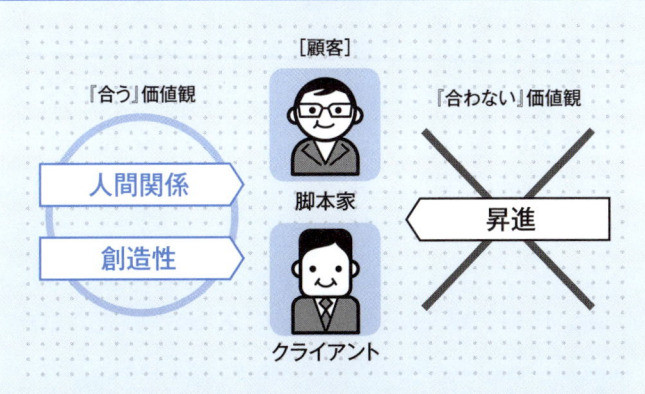

『合う』価値観
- 人間関係
- 創造性

[顧客]
- 脚本家
- クライアント

『合わない』価値観
- 昇進 ✕

プロデューサーには、多くの利害関係者と一緒に目的を達成するため、自分が作りたいものを生み出す「**創造性**」だけでなく、「**人間関係**」の価値観が求められます。

一方で、ものつくりの現場監督的な仕事であるため、高い地位やポジションを求める「**昇進**」の価値観が強い人には向いていません。

40

広告営業
(メディア)

顧客 [社外] クライアント企業担当者
職種の別名 広告、媒体営業、(広告)代理店担当

広告掲載するクライアントを探し掲載内容を詰める仕事

テレビ局、新聞社などのメディアは、媒体の広告枠を企業に販売することで収益を上げています。メディアの「広告営業」の役割は、広告代理店を通じて、あるいは自らアプローチして、広告枠に出稿するクライアント企業を探してくることです。クライアント企業あるいは広告代理店が制作した広告を単純に掲載するケースもあれば、イベント広告やタイアップ広告のように自社で広告企画を立てたり、記事広告や特集広告のような広告を作成することもあります。なお広告料金は高額なので、クライアント企業の業界知識や商品はもちろん、販売戦略や企業戦略を理解した上で提案しないと出稿に結び付きません。

■仕事のある業界

通信・IT		メディア・コンテンツ	
IT	通信	メディア	コンテンツ
×	×	○	△*

*放送局、新聞社のほか、一部の出版社にこの職種がある。

■似ている仕事
▶ 法人営業(旅行代理店)

■就職要件
▶ 特になし(基本的に全学部)

point

クライアントとの関係性を構築し、意図を理解できる人に向いている

求められる能力・資質

[本人] 広告営業（メディア）
[顧客] クライアント企業担当者

- 積極性
- 実行力
- 状況把握力
- 働きかけ力
- 対人関係力

[積極性] 広告掲載企業を探す力
[実行力] クライアント企業に定期的に訪問し情報収集する力
[状況把握力] クライアント企業の要望を正しく把握する力
[働きかけ力] 特集などで広告掲載を働きかける力
[対人関係力] クライアント企業との関係性を良好に保つ力

求められる価値観

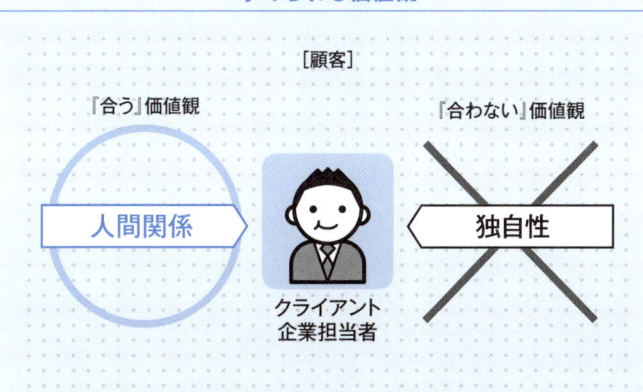

[顧客] クライアント企業担当者

『合う』価値観：人間関係
『合わない』価値観：独自性

メディアの広告営業には、クライアント企業との関係性を大切にする「**人間関係**」の価値観が求められます。
　一方で、記事ではなく、クライアント企業の意向が強く反映される広告に関わるので、自らの方向性を打ち出したい「**独自性**」の価値観が強い人には向いていません。

41 求人広告営業

顧客 [社外] 中小企業経営者、人事担当者
職種の別名 広告営業、営業

採用ニーズのある企業に求人広告の企画を提案する仕事

求人情報誌を発行する出版社や求人サイトの運営事業者は、クライアント企業から求人広告の掲載料を徴収することで、収益を上げています。「求人広告営業」の役割は、業界、企業規模を問わず、採用ニーズのある企業の経営者や人事担当者に求人広告の企画を提案することです。求人広告は、競合企業も多く広告という形のないサービスの提案なので、営業に対する信頼感や自社に対する理解の深さに基づいた企画力が求められます。営業として成果を出すためには、クライアント企業のビジネスはもちろん、そこで働く人たちのモチベーションや入社動機などを正しく把握しなくてはなりません。

■仕事のある業界

通信・IT		メディア・コンテンツ	
IT	通信	メディア	コンテンツ
×	×	△*	△*

*一部の情報系出版社、ウェブメディア、放送局にこの職種がある。

■似ている仕事
▶提案営業(素材メーカー)

■就職要件
▶特になし(基本的に全学部)

point

> 訪問回数を地道に積み上げ、企業を理解し、提案できる人に向いている

求められる能力・資質

[本人] 求人広告営業

- 積極性
- 実行力
- 習得力
- 傾聴力
- 働きかけ力

[顧客]
- 中小企業経営者
- 人事担当者

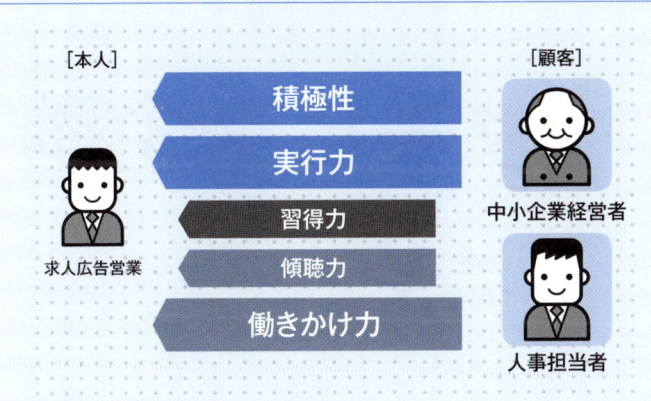

[積極性] 顧客となる企業を探す力
[実行力] 売上を上げるために企業訪問など、やるべきことを実行する力
[習得力] 顧客のビジネスを理解する力
[傾聴力] 顧客の採用状況や求める人物像を正しく聞く力
[働きかけ力] 求人広告への投資を決断させる力

求められる価値観

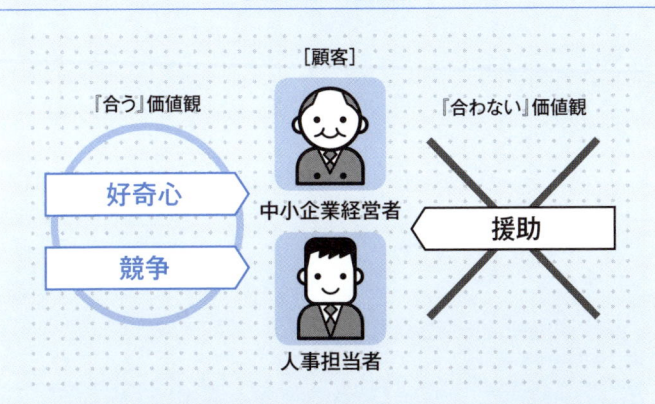

[顧客] 中小企業経営者／人事担当者

『合う』価値観
- 好奇心
- 競争

『合わない』価値観
- 援助 ✕

　どんな業種でも顧客になる求人広告営業には、新しい顧客のビジネスを知ることが面白いと思う「**好奇心**」、他の営業と競い合う「**競争**」の価値観が求められます。
　一方で、人が好き、人のためになりたい「**援助**」の価値観が強い人には向いていません。

42

サービス企画

顧 客 ［社外］一般消費者、顧客企業担当者
職種の別名 サービス開発

自社の新しい製品やサービスを企画し、開発する仕事

通信やインターネット、モバイル関連の企業は、IT技術を利用した様々な製品・サービスを、有料あるいは広告モデル（無料）で提供することで、収益を上げています。「サービス企画」の役割は、ネットあるいはモバイル上の様々なサービスを企画し、外部事業者とともに開発・リリースし、運営・改修していくことです。

ITの世界は技術の進化が速く、日進月歩で次々と新しい製品・サービスが市場に投入されるため、サービス企画はつねに、自社の新サービスの種を探していなくてはなりません。なお、優れた技術・サービスを持つ国内外のベンチャー企業と販売権や使用権の交渉をすることも必要となります。

■仕事のある業界

通信・IT		メディア・コンテンツ	
IT	通信	メディア	コンテンツ
×	○	×	△*

＊一部のウェブサービス事業者にもこの職種がある。

■似ている仕事
▶臨床開発

■就職要件
▶特になし（基本的に全学部）

point 情報感度が高く、ユーザーに支持されるものを探せる人に向いている

求められる能力・資質

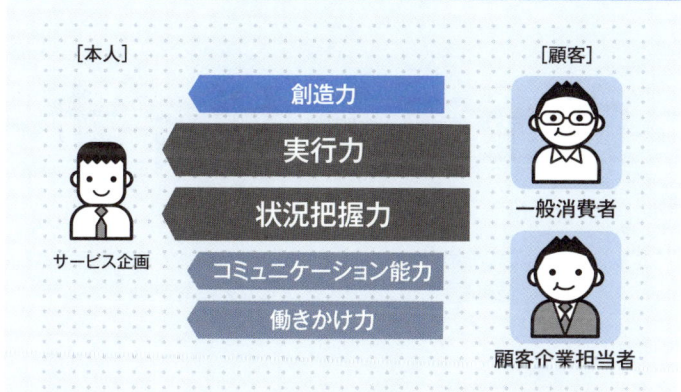

[本人] サービス企画
[顧客] 一般消費者 / 顧客企業担当者

- 創造力
- 実行力
- 状況把握力
- コミュニケーション能力
- 働きかけ力

[創造力] 新しいサービスを企画する力
[実行力] 新しい技術やコンテンツを粘り強く探す力
[状況把握力] サービス動向や技術の進化を把握する力
[コミュニケーション能力] 提携企業と交渉する力
[働きかけ力] 商品やサービスの開発に関わる相手を巻き込む力

求められる価値観

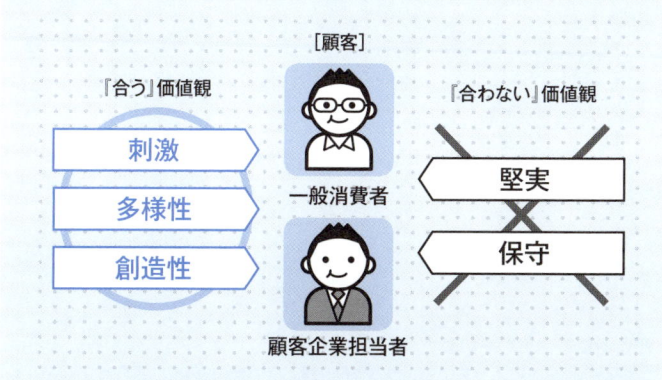

[顧客] 一般消費者 / 顧客企業担当者

『合う』価値観
- 刺激
- 多様性
- 創造性

『合わない』価値観
- 堅実 ✕
- 保守 ✕

　サービス企画には、新しい商品やサービスを生み出すため、「刺激」や「多様性」、「創造性」の価値観が求められます。
　一方で、現状を維持することに価値を置く「堅実」「保守」の価値観が強い人には向いていません。

43

ウェブデザイナー

顧客 ［社外］一般ユーザー、クライアント企業担当者
職種の別名 ウェブデザイン、ウェブアーキテクト

サイトの目的や機能を理解して
サイトの構造を決め、デザインする仕事

ネットサービス事業者や構築事業者は、自社あるいはクライアント企業のサイトの機能・利便性を向上させるため、わかりやすさとインプレッションの高さを実現する必要があります。「ウェブデザイナー」の役割は、ウェブサイトの目的や機能に応じて、最適なサイトの構造とUI（ユーザーインターフェース）を設計・実装することです。サイト構築にあたっては、サイト内におけるユーザーの動線や視点、外部サイトからの導入や検索エンジン対策を考慮した上で、最適なサイトを作り上げることが求められます。

なお、ウェブの世界では、紙や映像などと比較して、より機能性を考慮したデザインが求められます。

■仕事のある業界

通信・IT		メディア・コンテンツ	
IT	通信	メディア	コンテンツ
△*	×	×	△*

＊ウェブ構築会社とネットメディア、ゲーム会社などにこの職種がある。

■似ている仕事
▶特になし

■就職要件
▶特になし（基本的に全学部）

point

ビジネス的な視点で、サイトの構造やデザインを考えられる人に向いている

求められる能力・資質

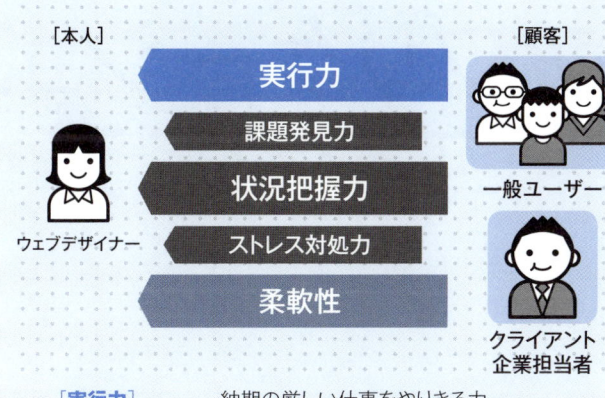

[本人] ウェブデザイナー

- 実行力
- 課題発見力
- 状況把握力
- ストレス対処力
- 柔軟性

[顧客] 一般ユーザー / クライアント企業担当者

[実行力] 納期の厳しい仕事をやりきる力
[課題発見力] ユーザーの動線などを検証する力
[状況把握力] ユーザーのニーズや気持ちを把握する力
[ストレス対処力] 納期やクライアントの要求に対処する力
[柔軟性] プロジェクトの急な変更などに対応する力

求められる価値観

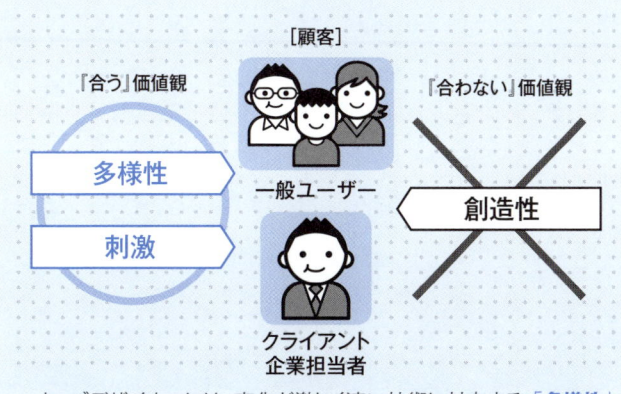

[顧客] 一般ユーザー / クライアント企業担当者

『合う』価値観
- 多様性
- 刺激

『合わない』価値観
- 創造性

　ウェブデザイナーには、変化が激しく速い技術に対応する「**多様性**」や「**刺激**」の価値観が求められます。
　一方で、デザインはアートではなくビジネスを実現する手段なので「**創造性**」の価値観が強すぎる人には向いていません。

175　9章——情報通信業の仕事

44 アプリケーションエンジニア

顧客 ［社外］一般ユーザー
職種の別名 プログラマ

ソフトウェアの製品やサービスのプログラム開発する仕事

ウェブサービス事業者やソフトウェア会社は、自社でソフトウェア製品・サービスを開発し、有料あるいは広告モデル（無料）でユーザーに提供することにより、収益を上げています。「アプリケーションエンジニア」の役割は、企画を設計、設計をプログラムコードに落とし込むことにより、求められる機能をソフトウェア製品やサービスに組み込むことです。ソフトウェア・サービスの世界では、つねに新しい技術やサービスが生まれているので、アプリケーションエンジニアには、つねに学習しキャッチアップしていくことが求められます。なお近年は、以前よりも開発のスピードが求められるようになっています。

■仕事のある業界

通信・IT		メディア・コンテンツ	
IT	通信	メディア	コンテンツ
○	×	×	△*

＊一部のウェブサービス事業者にもこの職種がある。

■似ている仕事
▶特になし

■就職要件
▶プログラミング力が必須

point

新しい技術にキャッチアップし、自発的に開発できる人に向いている

求められる能力・資質

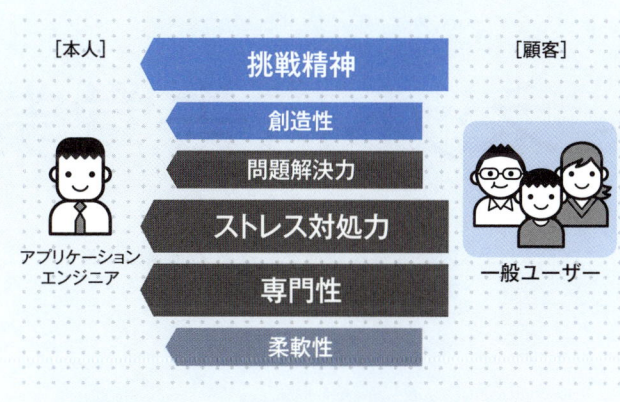

[本人] アプリケーションエンジニア

[顧客] 一般ユーザー

- 挑戦精神
- 創造性
- 問題解決力
- ストレス対処力
- 専門性
- 柔軟性

[挑戦精神] 新たなサービスの開発に挑む力
[創造性] サービスを生み出し、機能を開発する力
[問題解決力] 頻発する開発上の問題を解決していく力
[ストレス対処力] ハードワークに対処する力
[専門性] IT技術の進化に対応する力
[柔軟性] 変化に柔軟に対応する力

求められる価値観

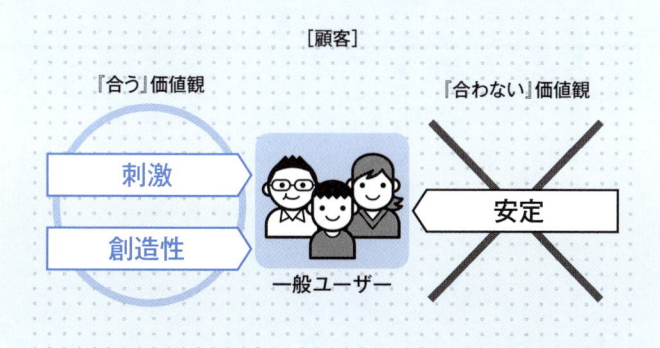

[顧客] 一般ユーザー

『合う』価値観：刺激、創造性
『合わない』価値観：安定

　アプリケーションエンジニアには、進化の速い技術にキャッチアップする「**刺激**」、新しいソフトウェアを生み出す「**創造性**」の価値観が求められます。
　一方で、長期にわたりじっくりと仕事に取り組みたい「**安定**」の価値観が強い人には向いていません。

9章——情報通信業の仕事

45

ネット広告営業

| 顧 客 | [社外] クライアント企業担当者 |
| 職種の別名 | 提案営業、広告営業 |

自社のネットサービスを活用した広告企画を提案する仕事

ウェブサービス事業者は、サイト上にクライアント企業の広告を掲載することで、収益を上げています。「ネット広告営業」の役割は、クライアント企業の目的やターゲット顧客層などに応じて、自社あるいは他社のサイトを使った広告・集客プランを提案することです。ネット広告では、旧来の広告と異なり、顧客の訪問数やアクションに関する様々なデータを入手できるため、広告企画、出稿時間、出稿場所などを設計することで、より効果的なプランを提供できます。そのためネット広告営業には、一般的な広告営業と比較して、より具体的かつ論理的な営業スタイルが求められるようです。

■仕事のある業界

通信・IT		メディア・コンテンツ	
IT	通信	メディア	コンテンツ
×	×	△*	△*

*広告営業が兼ねているケースも多く、一部のウェブメディア、ウェブサービス事業者にこの職種がある。

■似ている仕事
▶求人広告営業

■就職要件
▶特になし(基本的に全学部)

point **具体的な広告効果を提示し、顧客を説得できる人に向いている**

求められる能力・資質

[本人] ネット広告営業
- 積極性
- 実行力
- 状況把握力
- ストレス対処力
- コミュニケーション能力

[顧客] クライアント企業担当者

[積極性]　　　　　見込み客を探し、アプローチする力
[実行力]　　　　　見込み客に定期的に訪問し、提案する力
[状況把握力]　　　顧客のニーズを把握する力
[ストレス対処力]　クライアントの要求やトラブルに対処する力
[コミュニケーション能力]　提案を論理的に説明する力

求められる価値観

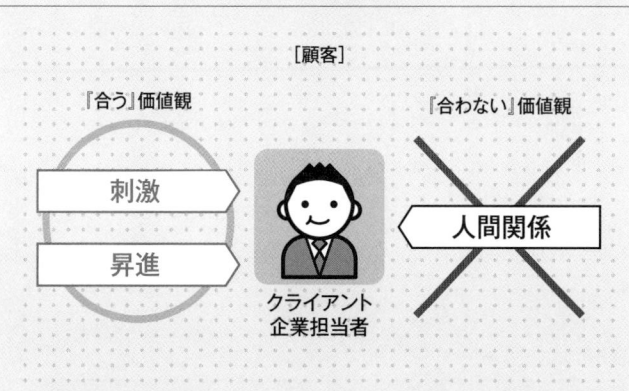

[顧客]

『合う』価値観
- 刺激
- 昇進

クライアント企業担当者

『合わない』価値観
- 人間関係

競争と変化の激しい世界で働くネット広告営業には、「**刺激**」「**昇進**」の価値観が求められます。
一方で、じっくり顧客と向き合いたい「**人間関係**」の価値観が強い人には向いていません。

46

システム営業

顧 客 ［社内］システムエンジニア ［社外］情報システム担当者
職種の別名 ソリューション営業

顧客企業の業務効率化に向けた情報システムを提案する仕事

受託システム開発会社は、顧客企業のニーズに応じて、業務効率化に向けた情報システムを構築することにより、収益を上げています。「システム営業」の役割は、生産管理、財務管理、販売管理、営業管理、人事給与管理など、顧客の様々な業務を理解し、その効率化に向けた情報システムの活用法を提案することです。また、「アプリケーション(ソフトウェア)」だけでなく、ソフトを動かすためのネットワークやストレージをセットで提案することが、システム営業には求められます。なお近年、ストレージやネットワークは「クラウド」と呼ばれるサービスとして提供されるようになっています。

■仕事のある業界

通信・IT		メディア・コンテンツ	
IT	通信	メディア	コンテンツ
△*	×	×	×

＊受託システム開発系の企業にこの職種がある。

■似ている仕事
▶人材紹介営業

■就職要件
▶特になし（基本的に全学部）

point

顧客視点、業務視点に立って、システムを提案できる人に向いている

求められる能力・資質

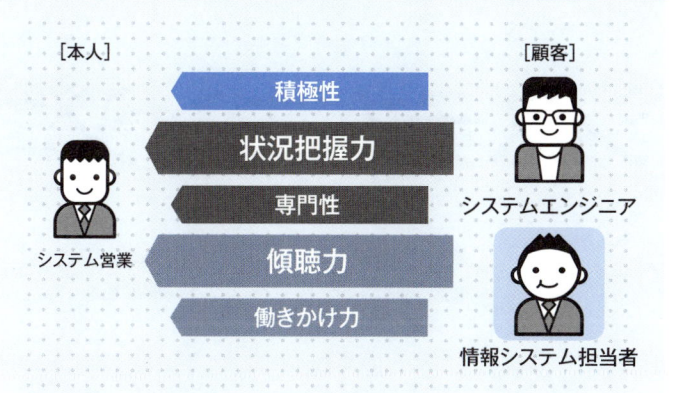

[本人] システム営業
[顧客] システムエンジニア / 情報システム担当者

- 積極性
- 状況把握力
- 専門性
- 傾聴力
- 働きかけ力

[積極性] 顧客を探し、提案機会を増やす力
[状況把握力] 顧客およびシステムの置かれている状況を把握する力
[専門性] クラウドなど新しい技術に対応する力
[傾聴力] 隠れた顧客ニーズを探る力
[働きかけ力] 提案の優位性や利点を理解させる力

求められる価値観

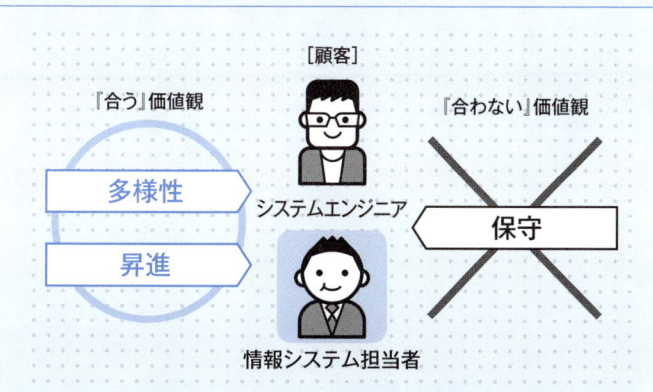

[顧客] システムエンジニア / 情報システム担当者

『合う』価値観：多様性、昇進
『合わない』価値観：保守

　システム営業には、多岐に渡る顧客の事業や業務を知ることが面白いと思える「**多様性**」、数字を上げることを競う「**昇進**」などの価値観が求められます。
　一方で、競争や変化を嫌う「**保守**」の価値観が強い人には向いていません。

9章——情報通信業の仕事

47

システムエンジニア

| 顧客 | [社外] 情報システム担当者 |
| 職種の別名 | SE、開発者、システム開発担当 |

システムに求められる要件を明確にし、それを設計に落とし、開発を管理する仕事

受託システム開発会社は、顧客企業の業務効率化ニーズを理解し、予算内で納期通りに品質の高い情報システムを構築しています。「システムエンジニア」の役割は、顧客の求めるシステムの要件定義を行い、それに基づきシステムを設計し、自社内あるいは他社に発注して、システムを構築することです。情報システムの構築では、顧客と受注側の認識のずれを避けるため、システムエンジニアには、要件定義書、システム設計書など様々な書類を作成し、顧客に確認を取ることが求められます。なお大手企業の場合、開発は外注するケースが多く、システムエンジニアはプロジェクトを管理することになります。

■仕事のある業界

通信・IT		メディア・コンテンツ	
IT	通信	メディア	コンテンツ
△*	△*	×	×

*受託システム開発系の企業と一部の通信事業者にこの職種がある。

■似ている仕事
▶施工管理（建設・土木）

■就職要件
▶特になし（基本的に全学部）

point

顧客がシステムに求めるものを把握し、取捨選択できる人に向いている

求められる能力・資質

[本人] システムエンジニア

[顧客] 情報システム担当者

- 実行力
- 課題発見力
- 問題解決力
- ストレス対処力
- 専門性
- コミュニケーション能力

[実行力] 顧客の要求を取捨選択し、要件を定義する力
[課題発見力] 業務やシステム化の課題を発見する力
[問題解決力] 頻発する開発上の問題を解決する力
[ストレス対処力] ハードワークや顧客の無理な要求に対処する力
[専門性] 技術の進化に対応する力
[コミュニケーション能力] 顧客の要求をすべて受け入れず目的を実現する手段を提示する力

求められる価値観

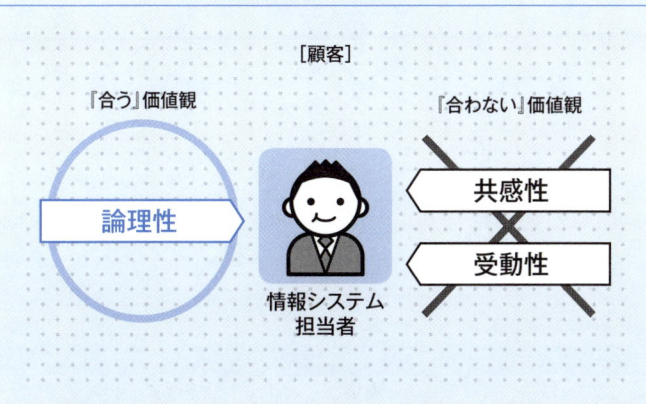

[顧客] 情報システム担当者

『合う』価値観：論理性
『合わない』価値観：共感性、受動性

　システムエンジニアには、顧客の要求を整理し必要なものに絞り込む「**論理性**」の価値観が求められます。
　一方で、相手の要求を受け入れすぎてしまう「**共感性**」や「**受動性**」の価値観が強い人には向いていません。

9章——情報通信業の仕事

48 運用エンジニア

顧客 [社外] 情報システム担当者
職種の別名 運用保守担当

情報システムを監視し、不具合に対処し、定期的にメンテナンスする仕事

受託システム開発会社は、顧客企業と保守契約を結んで、納品したシステムの不具合に対応したり、定期的に改修したりといったサービスを提供しています。

「運用エンジニア」の役割は、顧客の情報システムを監視することで、不具合が発生した際に対応し、アプリケーションのバージョンアップやセキュリティ対策も含めて定期的なメンテナンスを実施することです。情報システムは安定稼働が前提であり、金融系やEC系のシステムなどは、システムの稼働停止により億単位の損失が発生します。なお近年、ハッキング行為が急増しているため運用管理業務は以前にも増して重要になっています。

■仕事のある業界

通信・IT		メディア・コンテンツ	
IT	通信	メディア	コンテンツ
△*	△*	×	×

＊受託システム開発系の企業と一部の通信事業者にこの職種がある。

■似ている仕事
▶特になし

■就職要件
▶特になし（基本的に全学部）

point

企業の情報システムを地道かつ安定的に運用管理できる人に向いている

求められる能力・資質

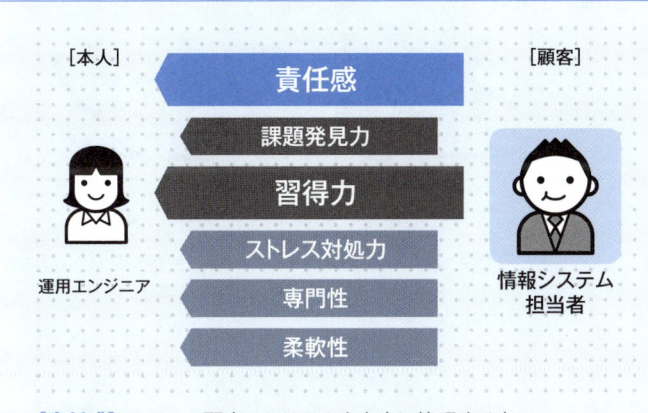

[本人]　運用エンジニア
[顧客]　情報システム担当者

- 責任感
- 課題発見力
- 習得力
- ストレス対処力
- 専門性
- 柔軟性

[責任感]	顧客のシステムを安全に管理する力
[課題発見力]	システムの障害と原因を発見する力
[習得力]	顧客のビジネスとシステムの特徴を学ぶ力
[ストレス対処力]	システムのリスク管理などのストレスに対処する力
[専門性]	技術の進化に対応する力
[柔軟性]	システムの多様な障害に柔軟に対処する力

求められる価値観

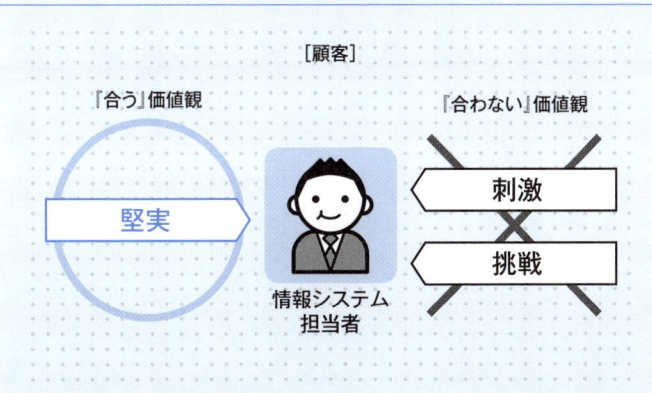

[顧客]　情報システム担当者

『合う』価値観：堅実

『合わない』価値観：刺激、挑戦

　運用エンジニアには、真面目にきちんと仕事を進める「堅実」の価値観が求められます。
　一方で、リスクをいとわない「挑戦」、「刺激」の価値観が強い人には向いていません。

49 ネットワークエンジニア

顧　客　[社内] 運用エンジニア　[社外] 情報システム担当者
職種の別名　ネットワークSE、ネットワーク技術者

通信システムや情報システムのネットワークを構築する仕事

通信システムや情報ネットワークの構築・運用にあたっては、ネットワーク技術に関する様々な知識や経験が求められます。「ネットワークエンジニア」の役割は、自社内あるいは顧客企業内のシステム構築にあたり、システムエンジニアなどと協力して、顧客のシステム環境を調査し、求められるネットワーク性能、通信品質、セキュリティレベルが実現できるようなネットワークを実装することです。また通信・ネットワークに起因する障害やトラブルが発生した際には、運用エンジニアなどとともに対応することが求められます。なお通信の技術は、進化が速いため、つねに学び続けなければなりません。

■仕事のある業界

通信・IT		メディア・コンテンツ	
IT	通信	メディア	コンテンツ
△*	△*	×	△*

*受託システム開発系の企業と一部の通信事業者・ウェブサービス事業者にこの職種がある。

■似ている仕事
▶交通コンサルタント

■就職要件
▶理系（情報系が中心）

point

新しい技術を学びつつ、現実的な対応ができる人に向いている

求められる能力・資質

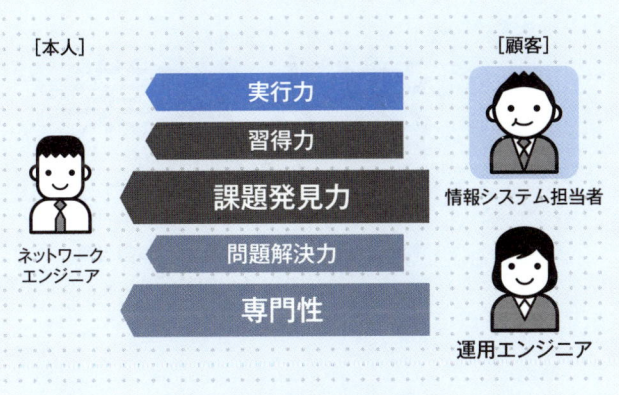

[本人] ネットワークエンジニア

- 実行力
- 習得力
- 課題発見力
- 問題解決力
- 専門性

[顧客] 情報システム担当者 / 運用エンジニア

- [**実行力**] 求められる技術要件を確実に実装していく力
- [**習得力**] 新しい技術や知識を吸収する力
- [**課題発見力**] 現状の技術的課題や問題を発見する力
- [**問題解決力**] 起こっている障害や技術的トラブルに対処する力
- [**専門性**] 自分の専門分野を深めていく意欲

求められる価値観

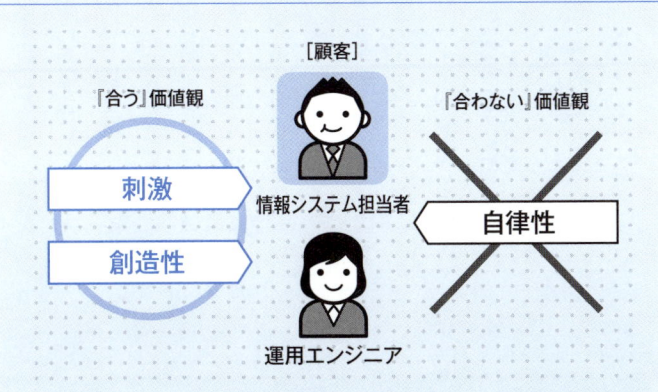

[顧客] 情報システム担当者 / 運用エンジニア

『合う』価値観：刺激、創造性

『合わない』価値観：自律性

　ネットワークエンジニアには、新しい技術にキャッチアップし、現場で試していく「**刺激**」「**創造性**」などの価値観が求められます。
　一方で、様々な関係者と協力して、システムを構築し、トラブルに対処するため、「**自律性**」の価値観が強い人には向いていません。

187　9章——情報通信業の仕事

50

法人営業
(通信)

顧 客	[社外] 情報システム担当者
職種の別名	営業、通信営業

通信コストの削減やネットワーク構築などの企画を提案する仕事

通信会社は、固定通信や移動体通信、イントラネットやインターネットなどのサービスを企業に提供することで、収益を上げています。通信会社の「法人営業」の役割は、通信関連の製品やサービスを組み合わせることで、情報ネットワークの構築、ビジネスの効率化、通信コストの削減などを企業に提案することです。通信サービスは、ビジネスや組織に応じて、カスタマイズして提供するケースが多く、法人営業には、事前のヒアリングも含めて顧客企業の情報を収集することが求められます。なお、通信サービスの導入では複数の会社に提案を依頼することが多いため、法人営業チームで企画を練ることになります。

■仕事のある業界

通信・IT		メディア・コンテンツ	
IT	通信	メディア	コンテンツ
×	○	×	×

■似ている仕事
▶システム営業

■就職要件
▶特になし（基本的に全学部）

point

顧客企業の問題を理解し、解決手段を提案できる人に向いている

求められる能力・資質

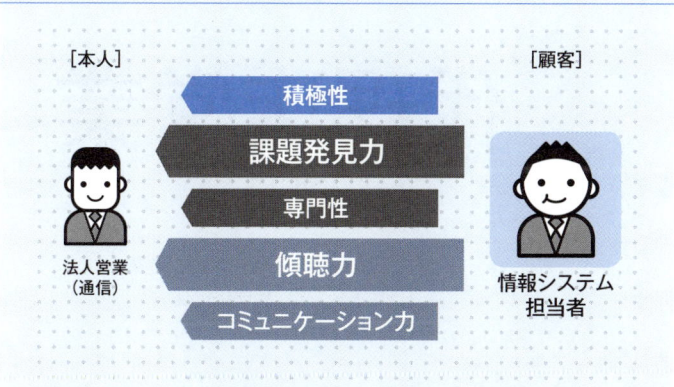

[本人] 法人営業（通信） ／ [顧客] 情報システム担当者

- 積極性
- 課題発見力
- 専門性
- 傾聴力
- コミュニケーション力

[積極性]　　　　　顧客企業を開拓し、提案機会を増やす力
[課題発見力]　　　顧客企業のビジネス・組織上の課題を発見する力
[専門性]　　　　　通信技術やサービスの進化を学ぶ力
[傾聴力]　　　　　顧客企業からニーズをヒアリングする力
[コミュニケーション力]　提案を顧客に理解してもらう力

求められる価値観

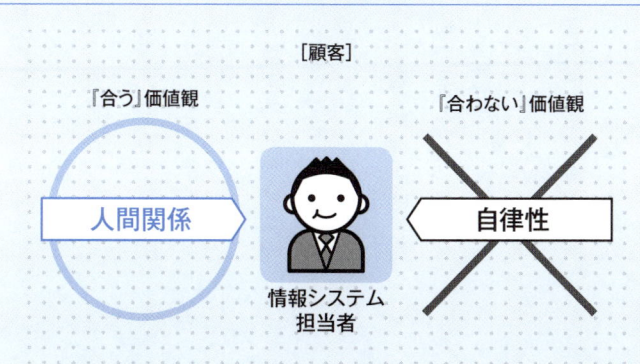

[顧客] 情報システム担当者

- 『合う』価値観：人間関係
- 『合わない』価値観：自律性

　通信会社の営業には、顧客ニーズを引き出せるような関係性を構築する「**人間関係**」の価値観が求められます。
　一方で、提案・導入時には、技術系のスタッフをはじめとした関係者の協力を仰ぐ必要があるので、自分だけで仕事を進める「**自律性**」が強い人には向いていません。

51

代理店営業
（通信）

顧客 ［社外］販売代理店店長
職種の別名 営業、代理店担当

商品やサービスの販売代理店をサポートし、マネジメントする仕事

通信会社では、自社の携帯電話やスマートフォンを、代理店契約を結んだ販売店を通じて、通信サービスとセットで販売し、収益を上げています。通信会社の「代理店営業」の役割は、自社の販売代理店の販売力・サービス品質向上に向けて、販促物の配布や販促キャンペーンのサポートなどはもちろん、新製品・サービスの説明、販売状況の分析・フィードバックを実施することです。消費者と直に接する販売代理店は、自社の営業活動において極めて重要な存在であり、売上にも大きな影響を及ぼします。そのため、代理店営業は、販売代理店に気持ち良く売ってもらうため、様々な取組を行うのです。

■仕事のある業界

通信・IT		メディア・コンテンツ	
IT	通信	メディア	コンテンツ
×	○	×	×

■似ている仕事
▶代理店営業（損害保険）

■就職要件
▶特になし（基本的に全学部）

point

販売代理店と良好な関係性を作りながら、売上を伸ばせる人に向いている

求められる能力・資質

[本人] 代理店営業（通信）

- 実行力
- 課題発見力
- 習得力
- ストレス対処力
- 働きかけ力

[顧客] 販売代理店店長

[実行力]　　　　販売代理店に販促キャンペーンなどの施策を確実に実行してもらう力
[課題発見力]　　販売代理店の課題や改善点を把握する力
[習得力]　　　　続々と発売される商品やサービスを理解する力
[ストレス対処力]　販売代理店と自社の利害を調整する力
[働きかけ力]　　販売代理店と win-win の関係を作る力

求められる価値観

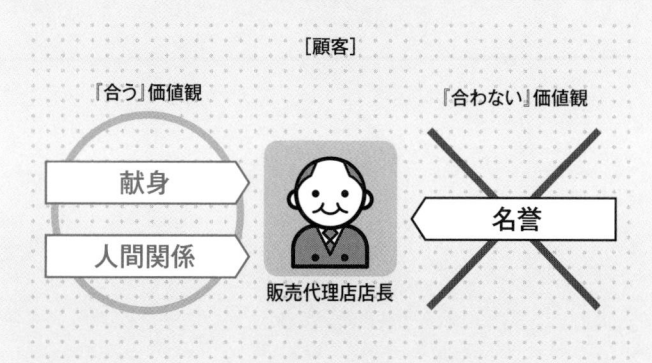

[顧客]

『合う』価値観
- 献身
- 人間関係

販売代理店店長

『合わない』価値観
- 名誉 ✕

　通信会社の代理店営業には、販売代理店と共存共栄をしていくため、縁の下でサポートする「**献身**」、関係性を重視する「**人間関係**」の価値観が求められます。
　一方で、指導する立場になりたい「**名誉**」の価値観が強い人には向いていません。

10章

サービス業の仕事

サービス業は、介護や外食、交通や電力といった私たちが日常的に使っているものから、建設や印刷、石油や運輸といった企業が使うものまで、様々なサービスを提供することで、収益を上げています。

サービス業は、主に一般消費者向けにサービスを提供する「レジャー・フード系（外食、旅行、ホテルなど）」や「介護・教育（塾・予備校、介護など）」といった事業者、主に企業顧客向けにサービスを提供する「ビジネスソリューション系（広告、印刷、コンサルティングなど）」や「建設・工事ソリューション系（建設・土木、電気通信工事など）」といった事業者、そして一般消費者と企業顧客の両方にサービスを提供する「エネルギー系（石油、ガス、電気など）」「運輸系（陸運、空運、海運など）」「不動産系（開発、流通など）」「人材系（紹介、派遣など）」といった事業者に分類することができます。

サービス業のビジネスモデルは多種多様ですが、多くの事業者において存在するのは「企画・開発」→「営業」→「運用」のプロセスであり、エネルギー系事業者や運輸事業者には「研究」プロセスもあります。それぞれ、「企画・開発」では自社の店舗・人材・ネットワークをサービスに落とし込み、「営業」では、それをパッケージ化あるいは法人の顧客にカスタマイズして個人あるいは法人の顧客に売り込み、「運用」ではサービスを実際に提供するとともに、サービスのインフラを整備します。

これらのプロセスを担っているのが、サービス業の様々な職種です。同じサービス業でも、業界によって顧客や扱う製品が異なるため、そのプロセスを担う職種の呼び名や役割は異なり、当然、求められる「能力・資質」「価値観」も変わってきます。

では次頁以降で、サービス業の主要な職種と、求められる「能力・資質」と「価値観」を見ていきましょう。

194

サービス業のビジネスモデルと職種の相関図

ビジネスの流れ	レジャー・フード	介護・教育	ビジネス・ソリューション	建設工事ソリューション	エネルギー	運輸	不動産	人材
研究					基礎研究（エネルギー）			
企画・開発	商品企画／店舗開発／仕入担当	ケアマネージャー	クリエイティブディレクター	設計企画／施工管理		商品企画		
営業	法人営業		コンサルタント／アカウントエグゼクティブ	建設営業	営業企画／提案営業	営業企画	提案営業	人材紹介営業／人材派遣営業
運用	フロア担当／店舗責任者	教務事務／介護福祉士			保守エンジニア	保守エンジニア		

顧客＝個人、法人

52

ケアマネージャー

顧客 ［社内］介護スタッフ　［社外］要介護者、親族
職種の別名 ケアマネ、介護支援専門員

利用者と家族に介護制度を説明し
介護プランを立て、事業者をアレンジする仕事

介護事業者は、様々なレベルの要介護者に対して、生活援助と身体介護を中心とするサービスを提供しています。「ケアマネージャー」の役割は、要介護認定を受けた人（要介護者）あるいはその親族に介護プランや保険の仕組みを説明し、求められるサービスに応じた介護プランを策定し、実際に介護サービスを提供する介護事業者をアレンジすることです。

介護プランの策定にあたっては、要介護者の性格や嗜好、家庭事情や経済状況を理解し、最も適切な介護プランと事業者を決めることが求められます。なお、介護サービスがスタートされた後も、親族からの苦情など、様々な問題に対処しなくてはなりません。

■仕事のある業界

個人向け		企業向け		個人および企業向け			
レジャー・フード	福祉・教育	ビジネスソリューション	建設工事ソリューション	エネルギー	運輸	不動産	人材
△*	△*	×	△*	×	×	×	×

*介護のほか、フードサービスや建設・土木にも関連職種がある。

■似ている仕事
▶総合職（生命保険）

■就職要件
▶国家試験に合格

point

要介護者の気持ちを理解し、パイプ役を果たせる人に向いている

求められる能力・資質

[本人] ケアマネージャー

- 責任感
- 状況把握力
- ストレス対処力
- 傾聴力
- 働きかけ力
- 人間関係力

[顧客] 要介護者／介護スタッフ

- [責任感] 要介護者やその家族に真摯に向き合う姿勢
- [状況把握力] 要介護者やその家族の本当の気持ちを理解する力
- [ストレス対処力] 要介護者、家族、介護事業者間を調整する力
- [傾聴力] 要介護者やその家族の話を聴く力
- [働きかけ力] 介護スタッフに働きかける力
- [人間関係力] 要介護者やその家族と関係性を構築する力

求められる価値観

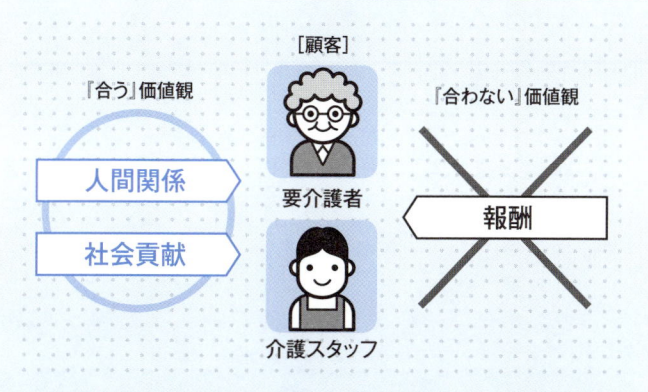

『合う』価値観
- 人間関係
- 社会貢献

[顧客] 要介護者／介護スタッフ

『合わない』価値観
- 報酬 ✕

　ケアマネージャーは、要介護者とその家族の気持ちを受け止めつつ、介護スタッフに配慮しなくてはならないので、「**人間関係**」「**社会貢献**」といった価値観が求められます。
　一方で、勤務条件が厳しい、発展途上の業界なので、「**報酬**」の価値観が強い人には向いていません。

53

介護福祉士

顧客	[社外] 要介護者、親族
職種の別名	ケアワーカー、介護スタッフ

要介護者の状態に応じて生活支援や身体介護を行う仕事

介護事業者は、要介護者のレベルやニーズに応じて、訪問・通所・短期入所・施設・特定施設などのサービスを提供しています。「介護福祉士」の役割は、介護サービスの事業所において、生活支援(調理・洗濯・生活必需品の買い物、掃除など)や身体介護(食事介助・入浴の介助・排泄介助など)のサービスを提供することです。サービスは、ケアマネージャーが作成した介護プランに基づき、要介護者のレベルごとに設定された保険点数の範囲内で提供することになります。なお、介護福祉士になるには、国指定の養成施設を卒業するか、一定期間介護業務に従事した後、国家試験に合格しなくてはなりません。

■仕事のある業界

個人向け		企業向け		個人および企業向け			
レジャー・フード	福祉・教育	ビジネスソリューション	建設工事ソリューション	エネルギー	運輸	不動産	人材
△*	△*	×	△*	×	×	×	×

*介護のほか、フードサービスや建設・土木にも関連職種がある。

■似ている仕事
▶看護師

■就職要件
▶養成施設卒もしくは試験合格

point

要介護者本人の気持ちを理解し、関係性を構築できる人に向いている

求められる能力・資質

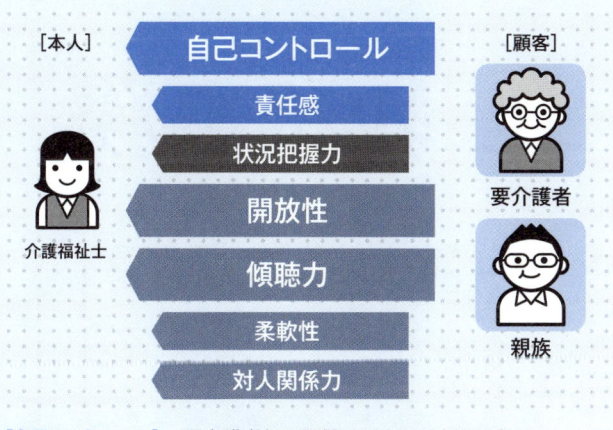

[本人] 介護福祉士

[顧客] 要介護者／親族

- 自己コントロール
- 責任感
- 状況把握力
- 開放性
- 傾聴力
- 柔軟性
- 対人関係力

[自己コントロール] 要介護者との関係のバランスを取る力
[責任感] 要介護者に真摯に向き合う姿勢
[状況把握力] 要介護者の好みやその家族の気持ちを把握する力
[開放性] 要介護者の心を開かせる力
[傾聴力] 要介護者やその家族の話を聴く力
[柔軟性] 要介護者やその家族の立場や考えを受け止める力
[人間関係力] 要介護者やその家族と関係性を構築する力

求められる価値観

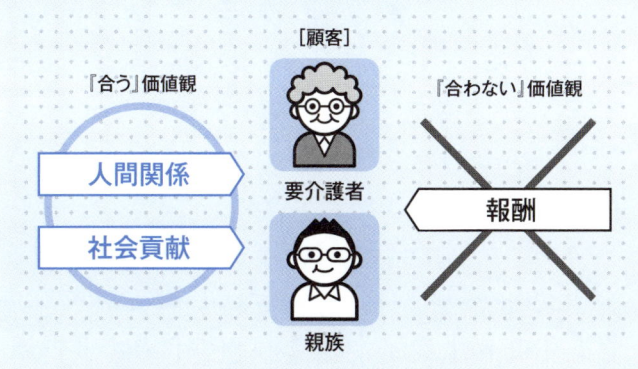

[顧客] 要介護者／親族

『合う』価値観
- 人間関係
- 社会貢献

『合わない』価値観
- 報酬

　介護福祉士には、親族や介護者の気持ちを受け止めるための「**人間関係**」「**社会貢献**」といった価値観が求められます。
　一方で、勤務条件や待遇が厳しい発展途上の業界なので、「**報酬**」の価値観が強い人には向いていません。

54

教務事務

顧 客 [社内]講師 [社外]生徒、生徒の親
職種の別名 校舎運営、教務担当

生徒を募集し、講師をマネジメントし、教室運営事務を行う仕事

塾や予備校は、受験生に対して教育サービスを提供することで、収益を上げています。「教務事務」の役割は、生徒の募集、講師のマネジメント、教室運営に関わる様々な事務を行うことであり、講師とともに教材の企画・開発を手がけていることもあります。

教務事務の最も重要な役割は、メディアや交通機関への広告出稿、新聞チラシを中心とした販売促進による生徒募集と入校した生徒のモチベーション管理です。現在、少子化が進む中で、塾・予備校間の競争が激しくなっており、人気講師を他校から引き抜くことで教育の質を向上させたり、生徒の進路や受講科目の相談に乗ったりすることも必要になります。

■仕事のある業界

個人向け		企業向け		個人および企業向け			
レジャー・フード	福祉・教育	ビジネスソリューション	建設工事ソリューション	エネルギー	運輸	不動産	人材
×	△*	×	×	×	×	×	×

*塾・予備校のほか、大学や専門学校にこの職種がある。

■似ている仕事
▶中学校、高校の担任教師

■就職要件
▶特になし（基本的に全学部）

point 生徒の進学相談に乗り、モチベーション管理ができる人に向いている

求められる能力・資質

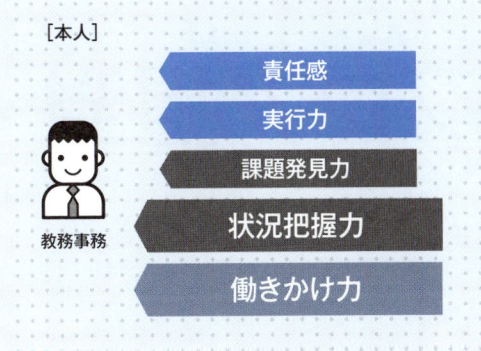

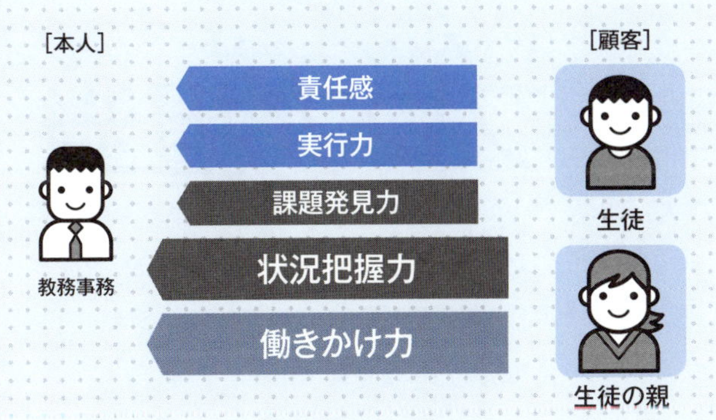

[本人] 教務事務

- 責任感
- 実行力
- 課題発見力
- 状況把握力
- 働きかけ力

[顧客] 生徒／生徒の親

- [責任感] 生徒の進路や成長に向き合う力
- [実行力] 生徒募集の活動をやりきる力
- [課題発見力] 生徒の学習課題を探る力
- [状況把握力] 生徒や親の希望を把握する力
- [働きかけ力] 生徒のモチベーションを上げ成果を出す力

求められる価値観

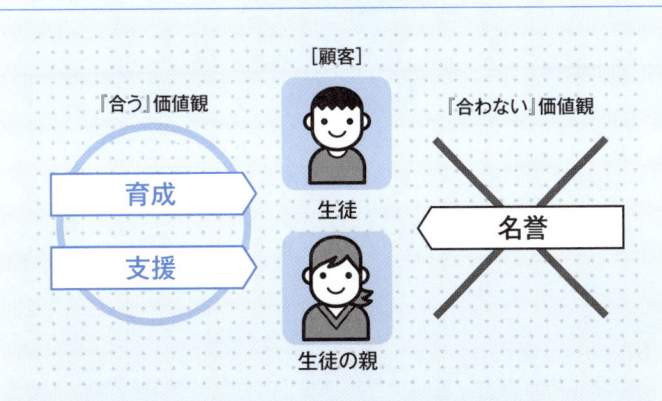

[顧客] 生徒／生徒の親

『合う』価値観
- 育成
- 支援

『合わない』価値観
- 名誉 ✕

　教務事務には、人の成長や育成に関心がある「**育成**」、人を応援したり支援する「**支援**」などの価値観が求められます。
　一方で、自分が目立ちたい「**名誉**」の価値観が強い人には向いていません。

55

フロア担当

顧 客	[社外] 宿泊客
職種の別名	フロント、コンシェルジュ

チェックインやチェックアウト業務をはじめ顧客の要望に対応する仕事

ホテルでは、宿泊客に対して、客室を提供するとともに、施設に付随する食事やフィットネスや宴会などのサービスを提供することで、収益を上げています。

「フロア担当」の役割は、顧客のチェックイン・チェックアウトから、部屋の手配やサービス内容の確認、レストランの予約や館内の案内、観光案内や施設の紹介、通貨の両替やファックス・手紙の送付まで多岐に渡ります。ホテルの宿泊客にとって最初と最後の窓口となるフロア担当は、基本的に、顧客の要望や嗜好に合わせた対応が求められ、そのサービスが顧客満足につながるため、ときとして突発な要求や依頼に応えなければならないこともあります。

■仕事のある業界

個人向け		企業向け		個人および企業向け			
レジャー・フード	福祉・教育	ビジネスソリューション	建設工事ソリューション	エネルギー	運輸	不動産	人材
△*	×	×	×	×	×	×	×

*ホテル・旅館にこの職種がある。

■似ている仕事
▶販売員(携帯電話)

■就職要件
▶特になし(基本的に全学部)

point

顧客の印象に残り、満足度を高める対応ができる人に向いている

求められる能力・資質

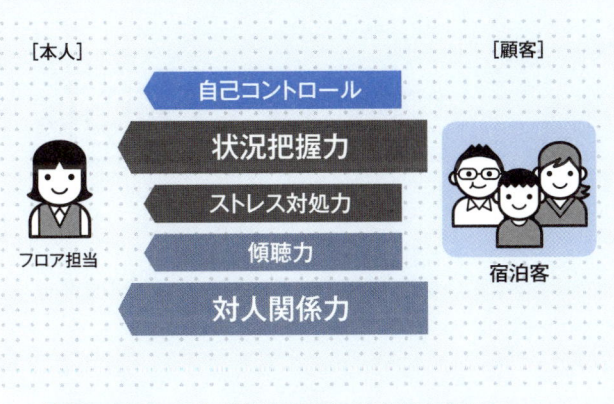

[本人] フロア担当
[顧客] 宿泊客

- 自己コントロール
- 状況把握力
- ストレス対処力
- 傾聴力
- 対人関係力

[**自己コントロール**] 理不尽な顧客でも対処する力
[**状況把握力**] 宿泊客の気持ちや要求を把握する力
[**ストレス対処力**] 顧客のクレームに対処する力
[**傾聴力**] 顧客の気持ちを受け止める力
[**対人関係力**] 周りのスタッフとの関係性を構築する力

求められる価値観

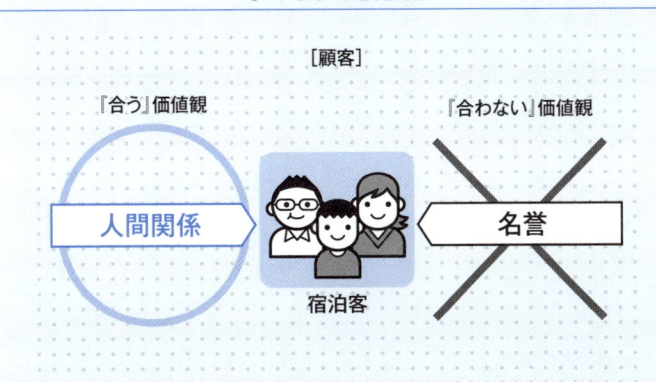

[顧客]

『合う』価値観 → 人間関係 → 宿泊客
『合わない』価値観 → 名誉 ✕

　フロア担当は、顧客から信頼を得て安心と満足を与えるため、「**人間関係**」の価値観が求められます。
　一方で、顧客が主役なので、自ら高い評価を受けたい「**名誉**」の価値観が強い人には向いていません。

203　10章──サービス業の仕事

56

商品企画

顧客	[社外] 一般消費者
職種の別名	サービス企画、パッケージ企画

消費者の嗜好や世のトレンドを踏まえ自社サービスをパッケージ化する仕事

旅行代理店や鉄道会社、レジャー施設やフードサービスなどでは、品質の高いサービスを提供することで収益を上げています。「商品企画」の役割は、消費者の嗜好や世のトレンドを踏まえ、自社または他社が提供するサービスのうち、特にニーズが高いものを組み合わせてパッケージ商品に仕立て上げることです。「商品企画」には、ターゲット顧客を設定し、彼らが求めている体験、その商品が提供できる価値を明確にすることが求められます。また集客する上では、商品の価格が極めて重要であり、商品企画は、お得感を打ち出すため、料金や販売量などの条件を様々な外部事業者と交渉することになります。

■仕事のある業界

個人向け		企業向け		個人および企業向け			
レジャー・フード	福祉・教育	ビジネスソリューション	建設工事ソリューション	エネルギー	運輸	不動産	人材
△*	×	×	×	×	△*	×	×

*旅行、フードサービス、レジャー施設、鉄道会社、空輸などにこの職種がある。

■似ている仕事
▶商品企画（流通業）

■就職要件
▶特になし（基本的に全学部）

point

一般大衆に受け、かつ実現性の高い企画を立てられる人に向いている

求められる能力・資質

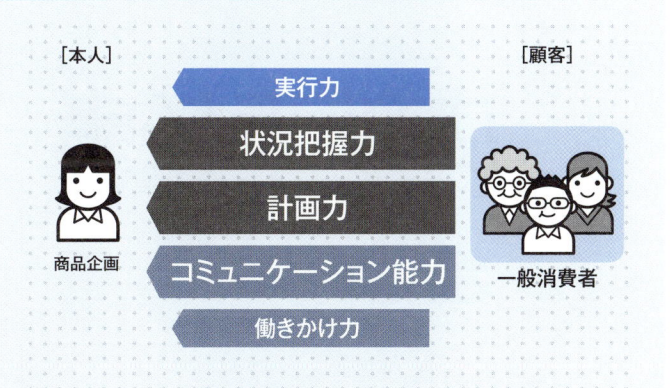

[本人] 商品企画 — [顧客] 一般消費者

- 実行力
- 状況把握力
- 計画力
- コミュニケーション能力
- 働きかけ力

[実行力] 企画を実現させるために情報収集する力
[状況把握力] 顧客の嗜好や世の中のトレンドを把握する力
[計画力] 企画を実現するための段取りを組む力
[コミュニケーション能力] 企画を実現するために社内外の関係者に交渉する力
[働きかけ力] 企画を実現するために仕入先に働きかける力

求められる価値観

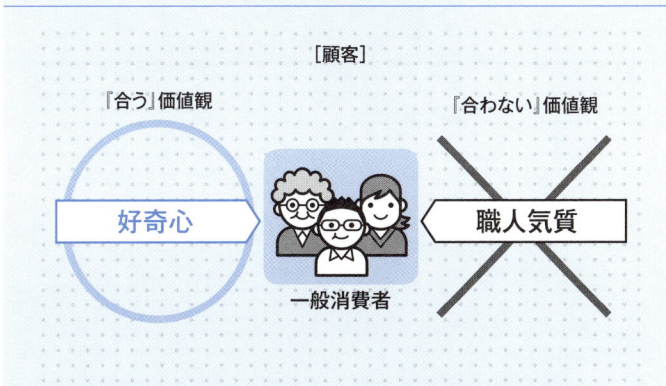

[顧客] 一般消費者

『合う』価値観：好奇心
『合わない』価値観：職人気質

　サービス企画は、世の中のトレンドに敏感である**「好奇心」**の価値観が求められます。
　一方で、大衆に受けるものを企画するため、こだわりが強すぎる**「職人気質」**の価値観が強い人には向いていません。

57

店舗責任者

顧客 ［社内］店舗スタッフ　［社外］来店顧客
職種の別名 店長

スタッフを採用・育成し店舗運営をマネジメントする仕事

フードサービスやレジャー施設などの事業者は、来店顧客に対してサービス・製品を提供することで、収益を上げています。「店舗責任者」の役割は、店舗スタッフの採用・育成、店舗の売上管理、集客のための施策と実施、サービス・商品の品質向上など、店舗運営のマネジメント全般を行うことです。また、チェーン店の場合、基本的に本部のマニュアル通りに行うことが求められます。店舗責任者が最も苦労するのは、スタッフの採用・教育と売上目標の達成です。大規模店舗には、様々な属性のスタッフが大勢働いているので、彼らをマネジメントしつつ、店舗の売上を上げる必要があります。

■仕事のある業界

個人向け		企業向け		個人および企業向け			
レジャー・フード	福祉・教育	ビジネスソリューション	建設工事ソリューション	エネルギー	運輸	不動産	人材
○	×	×	×	×	×	×	×

■似ている仕事
▶店長（小売業）

■就職要件
▶特になし（基本的に全学部）

point

モチベーション管理も含め、店舗マネジメントできる人に向いている

求められる能力・資質

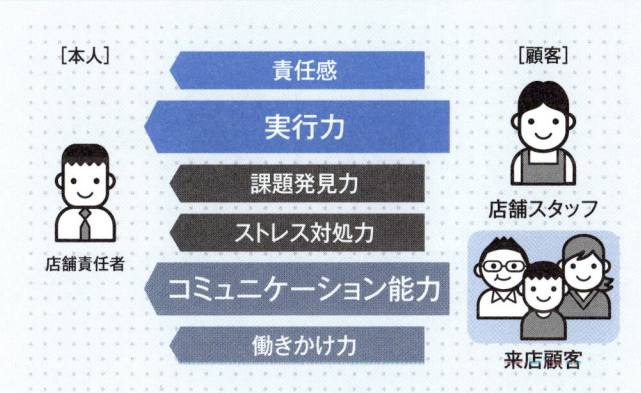

[本人] 店舗責任者

- 責任感
- 実行力
- 課題発見力
- ストレス対処力
- コミュニケーション能力
- 働きかけ力

[顧客] 店舗スタッフ／来店顧客

[責任感]	店舗の経営者として人やお金を管理する力
[実行力]	本部の運営方針に沿ってやるべきことをやる力
[課題発見力]	店舗運営の課題を把握する力
[ストレス対処力]	人のマネジメントによるストレスに対処する力
[コミュニケーション能力]	自分の方針や意図をスタッフに伝える力
[働きかけ力]	店舗のスタッフをまとめる力

求められる価値観

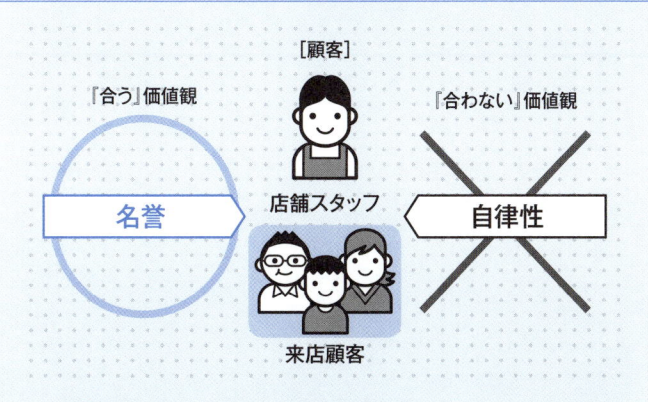

[顧客] 店舗スタッフ／来店顧客

『合う』価値観：名誉
『合わない』価値観：自律性

　店舗責任者には、一国一城の主に興味があり、スタッフや本部から認められたい**「名誉」**の価値観が求められます。
　一方で、チームを運営していく仕事なので、自己完結する仕事を志向する**「自律性」**の価値観が強い人には向いていません。

10章──サービス業の仕事

58

店舗開発

顧客	[社外] 地権者、不動産会社担当者
職種の別名	フィールドカウンセラー

出店候補地を探し、土地を買い取り・借り受け店舗建築を手配する仕事

フードサービスやレジャー施設などのチェーン店は、計画的に出店することで、売上を伸ばしています。「店舗開発」の役割は、自社店舗に適した候補地を探し、その場所を買い取りあるいは借り受け、店舗建築を手配することです。チェーン店の売上は、基本的に、店舗数に比例して増するので、計画的な出店は極めて重要であり、店舗開発には、周辺住民の人口や年齢、周辺地域の交通量や施設などを把握し、出店後に売上が見込める場所を探すことが求められます。なお、出店にあたっては地権者と交渉して権利を買収あるいは借り受けますが、価格条件が高すぎると店舗が採算割れを起こします。

■仕事のある業界

個人向け		企業向け		個人および企業向け			
レジャー・フード	福祉・教育	ビジネスソリューション	建設工事ソリューション	エネルギー	運輸	不動産	人材
△*	×	×	×	×	×	×	×

*フードサービス、レジャー施設にこの職種がある。

■似ている仕事
▶不動産開発

■就職要件
▶特になし（基本的に全学部）

point

地権者と交渉しつつも好かれ、信頼される人に向いている

求められる能力・資質

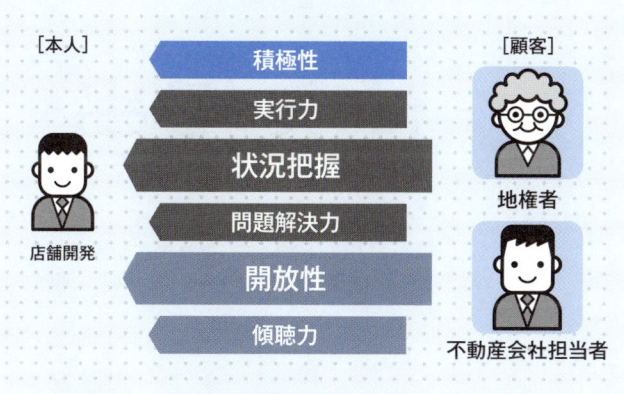

[本人] 店舗開発

- 積極性
- 実行力
- 状況把握
- 問題解決力
- 開放性
- 傾聴力

[顧客]
- 地権者
- 不動産会社担当者

[積極性]　　店舗の候補地を見つける力
[実行力]　　地権者と地道な交渉を行う力
[状況把握力]　地域の特性やその土地の関係者を把握する力
[問題解決力]　難しい交渉を進める力
[開放性]　　地権者に気に入られる力
[傾聴力]　　候補地の利害関係者の意見を聴く力

求められる価値観

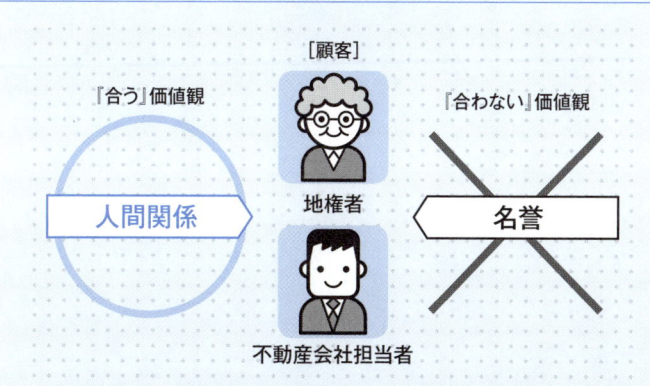

[顧客] 地権者／不動産会社担当者

『合う』価値観：人間関係
『合わない』価値観：名誉

　店舗開発には、地権者との関係性を構築する「**人間関係**」の価値観が求められます。
　一方で、周りから評価されることを求める「**名誉**」の価値観が強い人には向いていません。

10章――サービス業の仕事

59 仕入担当

顧客	[社外] 営業（製造業）、生産者
職種の別名	調達、バイヤー

店舗・施設の運営に必要な材料・設備を仕入れるため、交渉し、買い付ける仕事

フードサービス、レジャー施設、ホテルなどの事業者は、店舗で提供する商品・サービスの原材料や設備を日常的に仕入れています。「仕入担当」の役割は、自社の販売動向や世の中のトレンドを理解した上で、最も適切な調達先を確保し、必要な原材料や設備をできるだけ安く仕入れることです。仕入担当には、仕入れるものの良し悪しを目利きするため、扱う商品や価格動向の知識などが求められ、仕入れの力が店舗の集客や利益率を左右します。なお、店舗の集客につながる原材料や設備については、ときに採算度外視で仕入れることもありますが、基本的に仕入れ先とはシビアに交渉することになります。

■仕事のある業界

個人向け		企業向け		個人および企業向け			
レジャー・フード	福祉・教育	ビジネスソリューション	建設工事ソリューション	エネルギー	運輸	不動産	人材
○	△*	×	×	×	○	×	×

*レジャー・フード、運輸のほか、介護にこの職種がある。

■似ている仕事
▶バイヤー（流通業）

■就職要件
▶特になし（基本的に全学部）

point

自分の知識や経験を信じて、タフに交渉できる人に向いている

求められる能力・資質

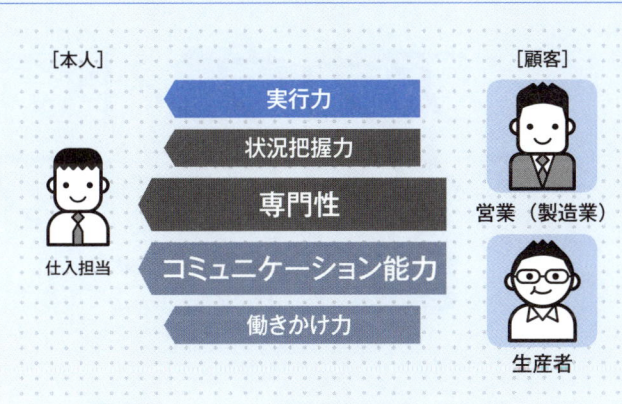

[本人] 仕入担当

- 実行力
- 状況把握力
- 専門性
- コミュニケーション能力
- 働きかけ力

[顧客] 営業（製造業）／生産者

- [実行力] 値引きなどをタフに交渉する力
- [状況把握力] 交渉相手の心理を読む力
- [専門性] 製品知識や価格動向などを学ぶ力
- [コミュニケーション能力] 仕入先と関係性を構築する力
- [働きかけ力] 欲しいものを売ってもらう力

求められる価値観

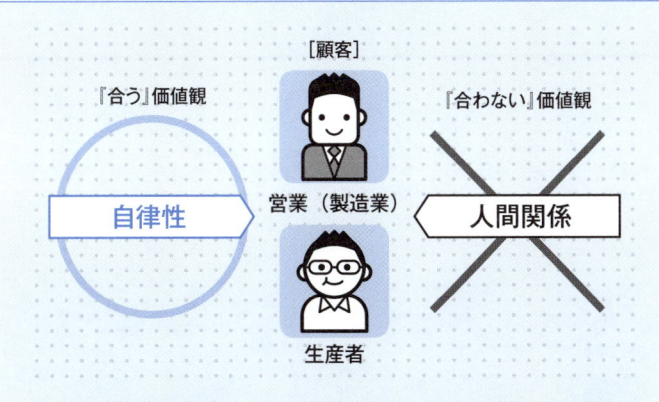

[顧客] 営業（製造業）／生産者

『合う』価値観：**自律性**

『合わない』価値観：**人間関係**

　仕入担当には、プロとしての自信を持ち、自ら判断する「**自律性**」の価値観が求められます。
　一方で、交渉相手のことを考えすぎてしまいがちな「**人間関係**」の価値観が強い人には向いていません。

60 アカウントエグゼクティブ

顧客 [社外] 広告担当者、企業経営者
職種の別名 営業、代理店営業

企業の商品・サービス・イメージに関する広告企画を提案する仕事

広告代理店は、メディアの広告枠を仕入れて、それをクライアント企業に販売することで、収益を上げています。「アカウントエグゼクティブ」の役割は、クライアント企業のニーズに応じて、彼らの企業・商品・サービスの広告企画を提案することです。大規模広告キャンペーンを打つ場合、通常、複数の広告代理店が参加して企画案を競いますが（コンペ）、この際、アカウントエグゼクティブが、社内外のスタッフをアサインし、練り上げた企画案をプレゼンし、プロジェクトを仕切ることもあります。なお、クライアントの好みや嗜好で発注先が決まることも多く、クライアントに好かれることが求められます。

■仕事のある業界

個人向け		企業向け		個人および企業向け			
レジャー・フード	福祉・教育	ビジネスソリューション	建設工事ソリューション	エネルギー	運輸	不動産	人材
×	×	△*	×	×	×	×	×

*広告代理店にこの職種がある。

■似ている仕事
▶プロデューサー

■就職要件
▶特になし（基本的に全学部）

point

クライアントと関係性を構築し、関係者間を調整できる人に向いている

求められる能力・資質

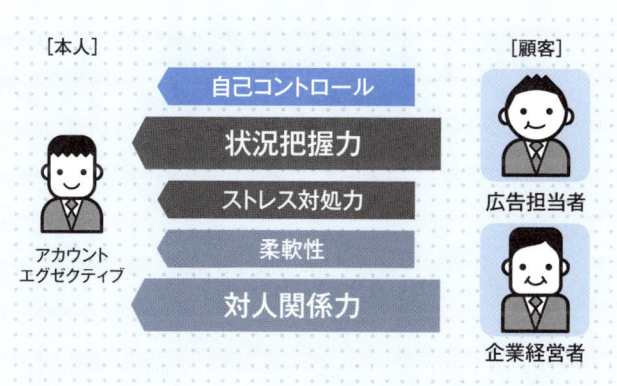

[本人] アカウントエグゼクティブ

- 自己コントロール
- 状況把握力
- ストレス対処力
- 柔軟性
- 対人関係力

[顧客] 広告担当者／企業経営者

[自己コントロール] クライアント企業の好みや要望に対応する力
[状況把握力] クライアント企業の意思決定要因を把握する力
[ストレス対処力] 急な依頼や要求に対処する力
[柔軟性] クライアント企業の意向に柔軟に対応する力
[対人関係力] クライアント企業に好ましく思われる力

求められる価値観

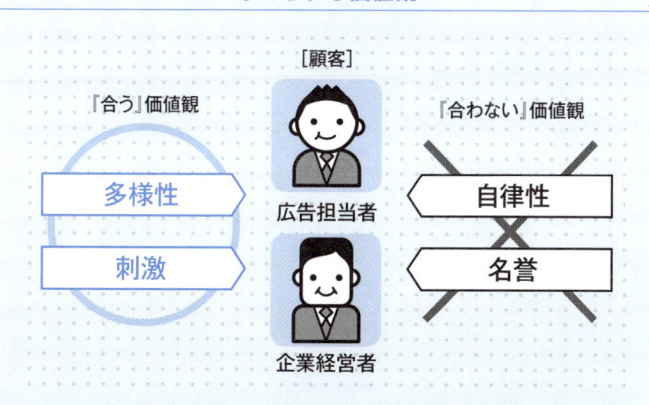

『合う』価値観
- 多様性
- 刺激

[顧客] 広告担当者／企業経営者

『合わない』価値観
- 自律性
- 名誉

アカウントエグゼクティブには、クライアント企業の様々な要求や依頼に臨機応変に対処するため、「**多様性**」「**刺激**」の価値観が求められます。
一方で、クライアント企業の意見よりも自分の意思や意見を優先する「**自律性**」「**名誉**」の価値観が強い人には向いていません。

61 クリエイティブディレクター

顧客 ［社内］アカウントエグゼクティブ ［社外］広告担当者
職種の別名 CD、クリエイティブ

クライアント企業の広告制作プランを企画し、制作をディレクションする仕事

広告代理店は、CMやポスターなど、メディアに出稿する広告を制作することで、収益を上げています。「クリエイティブ」の役割は、広告制作物に求める、出稿するメディアの特性、ターゲット顧客の属性などに応じて、広告制作プランを立て、コピーライター、CMプランナー、アートディレクターなどとともにターゲットに刺さる広告を制作することです。なお、クライアント企業は多くの場合、広告に表現の限界以上の情報を盛り込みたいと考えがちなので、クリエイティブディレクターには、クライアントをコントロールし、消費者に訴えたい部分、消費者が惹きつけられる部分を抽出することが求められます。

■仕事のある業界

個人向け		企業向け		個人および企業向け			
レジャー・フード	福祉・教育	ビジネスソリューション	建設工事ソリューション	エネルギー	運輸	不動産	人材
×	×	△*	×	×	×	×	×

*広告代理店にこの職種がある。

■似ている仕事
▶ディレクター（テレビ）

■就職要件
▶特になし（基本的に全学部）

point

クライアントの意向を踏まえ、スタッフと共同ワークできる人に向いている

求められる能力・資質

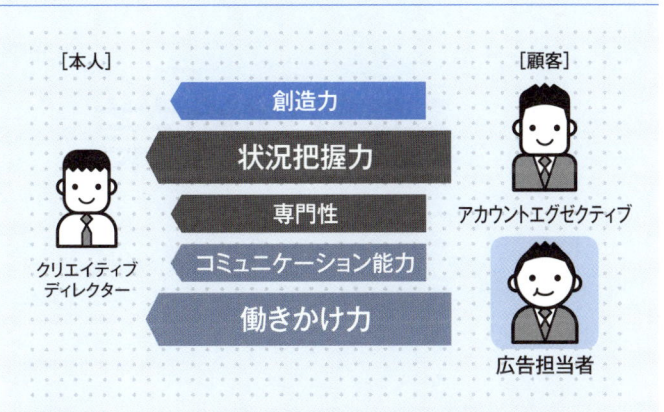

[本人] クリエイティブディレクター

[顧客] アカウントエグゼクティブ／広告担当者

- 創造力
- 状況把握力
- 専門性
- コミュニケーション能力
- 働きかけ力

[創造力]　　　　　　消費者に訴えかけるものを生み出す力
[状況把握力]　　　　クライアントの嗜好を把握する力
[専門性]　　　　　　クリエイティブ分野の動向や知識を深める力
[コミュニケーション能力]　クライアントに企画意図や広告効果を伝える力
[働きかけ力]　　　　制作スタッフと制作の目的を共有し、作らせる力

求められる価値観

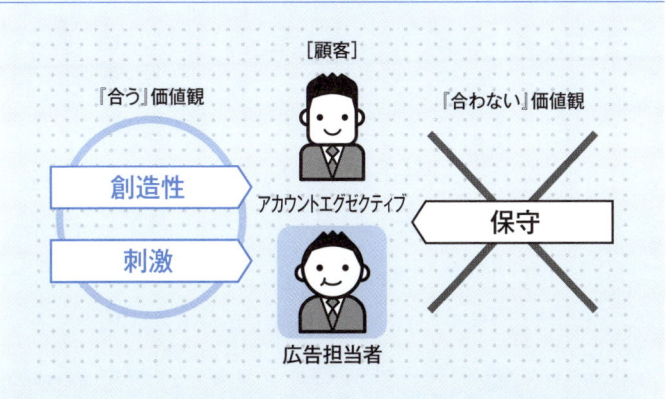

[顧客] アカウントエグゼクティブ／広告担当者

『合う』価値観
- 創造性
- 刺激

『合わない』価値観
- 保守

　クリエイティブディレクターは、クライアントの嗜好を踏まえながら消費者に訴えかけるものを作るため、「**創造性**」「**刺激**」といった価値観が求められます。
　一方で、変化や刺激を好まない「**保守**」の価値観が強い人には向いていません。

10章——サービス業の仕事

62

建設営業

顧客 [社外] 行政担当者、顧客企業担当者
職種の別名 営業

建築主のニーズを把握した上で施工プランを提案する仕事

建設・土木・プラントなどの施工工事を請け負うことで、様々な建造物の施工工事を請け負うことで、収益を上げています。「建設営業」の役割は、発注先のニーズを探り、施工プランと予算を練り上げて提案することにより、受注することです。施工会社が請け負う工事は、行政案件と民間案件にわけられ、行政案件はもちろん、規模が大きい民間案件の場合も、競争入札が一般的です。入札提案は建造物の設計・デザイン・価格・耐久性・安全性など様々な観点から比較検討されるため、通常、受注までには長い期間を要します。なお、大きな案件では、トップ同士の付き合いや政治家の人脈などが絡み合って、発注先が決まるようです。

■仕事のある業界

個人向け		企業向け		個人および企業向け			
レジャー・フード	福祉・教育	ビジネスソリューション	建設工事ソリューション	エネルギー	運輸	不動産	人材
×	×	×	○	×	×	×	×

■似ている仕事
▶店舗開発、住宅営業

■就職要件
▶特になし（基本的に全学部）

point

様々な利権関係者と調整しつつ、自社を売り込める人に向いている

求められる能力・資質

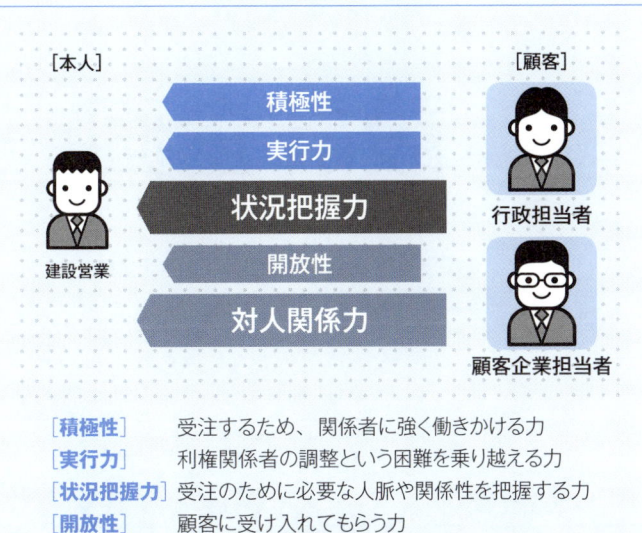

[本人] 建設営業 → 積極性／実行力／状況把握力／開放性／対人関係力 → [顧客] 行政担当者・顧客企業担当者

- [積極性] 受注するため、関係者に強く働きかける力
- [実行力] 利権関係者の調整という困難を乗り越える力
- [状況把握力] 受注のために必要な人脈や関係性を把握する力
- [開放性] 顧客に受け入れてもらう力
- [対人関係力] 顧客との関係性を構築する力

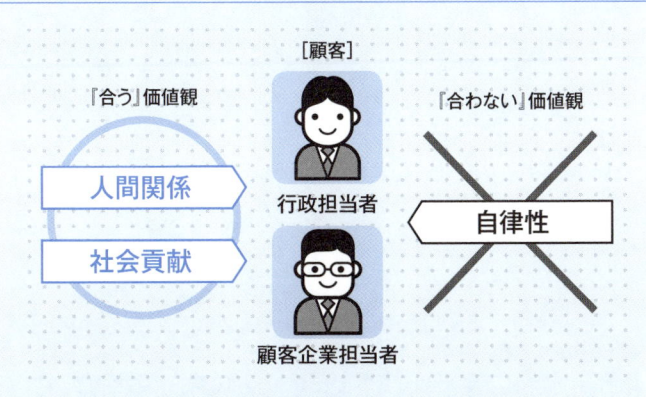

求められる価値観

[顧客] 行政担当者・顧客企業担当者

『合う』価値観：人間関係／社会貢献

『合わない』価値観：自律性

　建設営業は、顧客の利権を調整しつつ関係性を構築するため、「**人間関係**」「**社会貢献**」といった価値観が求められます。
　一方で、利害関係者が多く自己完結しにくい仕事なので、「**自律性**」の価値観が強い人には向いていません。

217　10章——サービス業の仕事

63 設計企画

顧 客 [社外] 行政担当者、顧客企業担当者
職種の別名 設計、建築設計

発注主のニーズに基づいて建造物のデザイン・構造を設計する仕事

建設・土木・プラントなどの施工会社は、施工工事を請け負うにあたり、様々な観点から建物の構造を検討し、設計する必要があります。「設計企画」の役割は、オフィスビルやマンション、ダムや道路、工場やプラントといった様々な施工対象物について、建築主のニーズに基づいて、建築デザインはもちろん、建築構造計算による耐震性・耐久性などを検討した上で、設計プランをつくることです。また設計企画には、設計プランの完成度もさることながら、施工対象物が建築主の事業において果たす役割を理解し、機能性や採算性などを考慮した上で設計プランを立てることが求められます。

■仕事のある業界

個人向け		企業向け		個人および企業向け			
レジャー・フード	福祉・教育	ビジネスソリューション	建設工事ソリューション	エネルギー	運輸	不動産	人材
×	×	×	○	×	×	×	×

■似ている仕事
▶アプリケーションエンジニア

■就職要件
▶理系(建築系)

> **point**
> 機能性や採算性などを考慮して、企画設計できる人に向いている

求められる能力・資質

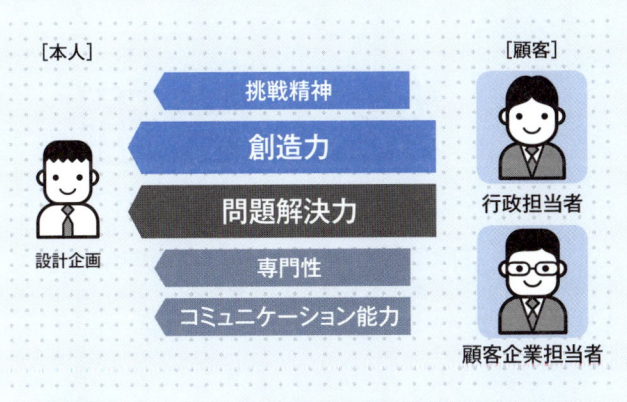

[本人] 設計企画

- 挑戦精神
- 創造力
- 問題解決力
- 専門性
- コミュニケーション能力

[顧客] 行政担当者 / 顧客企業担当者

[挑戦精神]	顧客の期待を超えた提案を作ろうとする力
[創造性]	顧客の期待を超える建造物を設計できる力
[問題解決力]	顧客の難しい要求を実現する力
[専門性]	プロとしての知識を深める力
[コミュニケーション能力]	顧客に提案を認めさせる力

求められる価値観

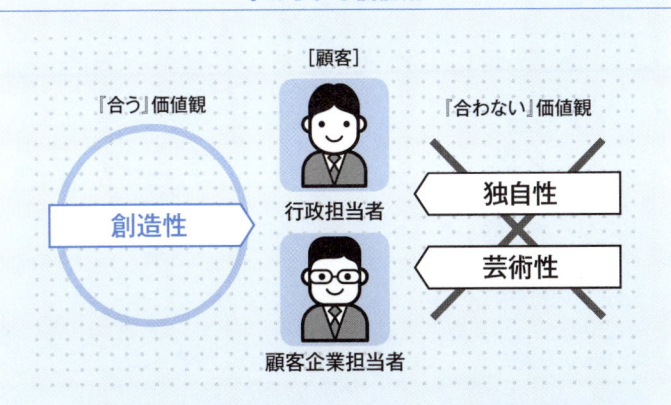

『合う』価値観：創造性

[顧客] 行政担当者 / 顧客企業担当者

『合わない』価値観：独自性、芸術性

　設計企画には、顧客のビジネスニーズに応え、それを超えるものを作り上げるため、「**創造性**」の価値観が求められます。
　一方で、機能性や採算性などを考慮した設計が求められるので、「**独自性**」「**芸術性**」の価値観が強い人には向いていません。

64

施工管理

顧客　[社外] 現場労働者、周辺住民
職種の別名　建築施工、工事管理

納期や予算を踏まえて
建造物の施工を管理する仕事

建設・土木・プラントなどの施工会社は、請け負った施工工事を安全かつ迅速に行う必要があります。「施工管理」の役割は、納期や予算、目的や発注量などに応じて外部の工事事業者を手配・管理することにより、予算内で納期通りに工事を完了（竣工）させることです。大規模な建造物の場合、開始から竣工までに長い期間を要するため、施工管理には、「現場労働者」のモチベーションを管理すること、事故やトラブルがないように調整すること、労働者の多くを占める職人と良好な人間関係を作ることが求められます。なお、「近隣住民」とのトラブルは遅延の原因となるので、慎重に対応しなければなりません。

■仕事のある業界

個人向け		企業向け		個人および企業向け			
レジャー・フード	福祉・教育	ビジネスソリューション	建設工事ソリューション	エネルギー	運輸	不動産	人材
×	×	×	○	×	×	×	×

■似ている仕事
▶生産管理（製造業）

■就職要件
▶特になし（基本的に全学部）

point

価値観や利害の異なる人を管理でき、責任感が強い人に向いている

求められる能力・資質

[本人] 施工管理
- 責任感
- 実行力
- 計画力
- ストレス対処力
- 開放性
- 働きかけ力

[顧客] 現場労働者／周辺住民

[責任感] 納期を絶対に守ろうとする姿勢
[実行力] トラブルや問題の発生するなかで竣工までこぎつける力
[計画力] 納期が守れるような計画を立てる力
[ストレス対処力] トラブルなどで発生するストレスに対処する力
[開放性] 職人などの現場労働者に受け入れられる力
[働きかけ力] 利害関係者を同じ目標に向かわせる力

求められる価値観

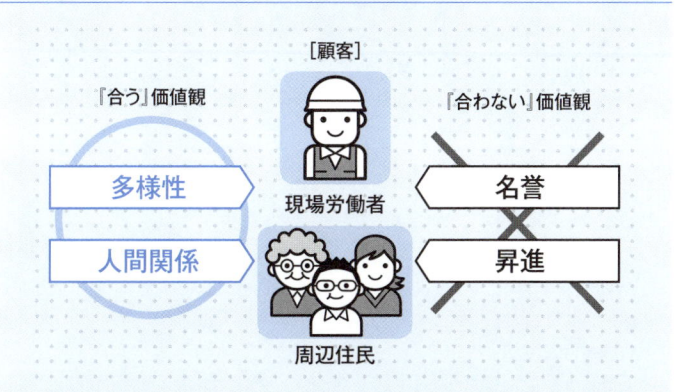

[顧客] 現場労働者／周辺住民

『合う』価値観
- 多様性
- 人間関係

『合わない』価値観
- 名誉
- 昇進

　施工管理は、価値観や利害の異なるスタッフを目標に向かわせなくてはならないため、「**多様性**」や「**人間関係**」といった価値観が求められます。
　一方で、管理者である立場や権利を強調する「**名誉**」「**昇進**」といった価値観の強い人には向いていません。

65

コンサルタント

顧 客	[社外] 経営者、人事責任者
職種の別名	アナリスト、マネージャー、パートナー

企業の経営課題を客観的に分析し その解決策を示す仕事

コンサルティング会社は、企業経営上の問題に対する解決策を示すことで、収益を上げています。「コンサルタント」は通常、戦略や事業、ITや業務、組織や教育といった専門分野ごとに、様々なデータ・情報を客観的に分析し、問題解決の仮説を立て、それを検証することでクライアント企業に解決策を提示します。なお、コンサルタントは通常、情報収集と分析を担当する「アソシエイト」、それらの情報を元に仮説を組み立て検証する「コンサルタント」や「マネージャー」、案件受注と全体管理を担う「パートナー」で構成される、数人から数十人のチームで動き、時として、経営者に厳しい意見を突きつけます。

■仕事のある業界

個人向け		企業向け		個人および企業向け			
レジャー・フード	福祉・教育	ビジネスソリューション	建設工事ソリューション	エネルギー	運輸	不動産	人材
×	×	△*	×	×	×	×	×

*コンサルティング会社のほか、広告代理店に関連職種がある。

■似ている仕事
▶スーパーバイザー

■就職要件
▶特になし（基本的に全学部）

point

相手と時には戦う姿勢で臨む、人間力の強い人に向いている

求められる能力・資質

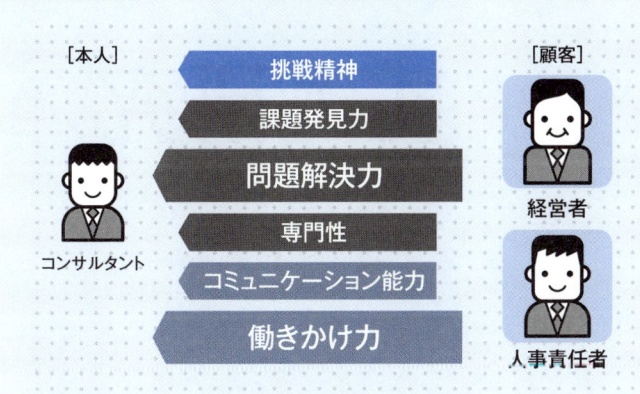

[本人] コンサルタント

- 挑戦精神
- 課題発見力
- 問題解決力
- 専門性
- コミュニケーション能力
- 働きかけ力

[顧客] 経営者／人事責任者

[挑戦精神]	課題を克服しようと思う力
[課題発見力]	事業の課題を発見する力
[問題解決力]	分析した結果から解決策を作り上げる力
[専門性]	専門知識などを深めていく力
[コミュニケーション能力]	解決策の意図や効果などを自分の言葉で伝える力
[働きかけ力]	経営者の考えや意見を導いていく力

求められる価値観

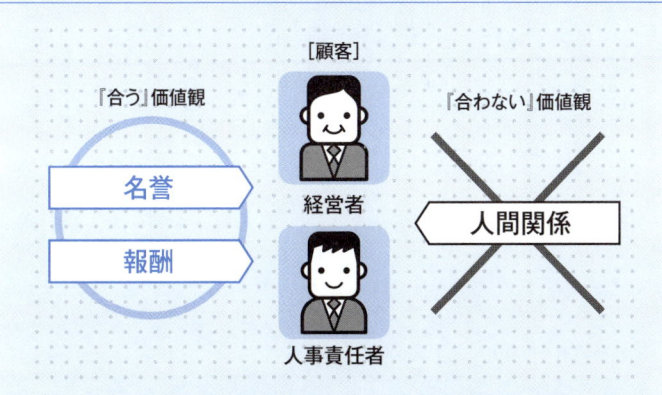

[顧客] 経営者／人事責任者

『合う』価値観：名誉、報酬

『合わない』価値観：人間関係 ✕

　コンサルタントには、経営者に認められたい、自分の価値を正しく評価してほしいという欲求を満たす「**名誉**」「**報酬**」の価値観が求められます。
　一方で、相手の立場を尊重しすぎると効果的な解決ができないため、「**人間関係**」の価値観が強い人には向いていません。

66

基礎研究
（エネルギー）

顧客 ［社内］経営者　［社外］研究者
職種の別名 研究開発、エネルギー研究

自社サービスの基礎となる技術を研究する仕事

電気や石油やガスなどのエネルギー系の企業は、様々な技術的な課題に取り組んでいます。

「基礎技術」の役割は、原料の精製技術開発、エネルギー効率の向上、新エネルギーの実用化など、研究所で実験と考察を繰り返すことで、すぐには製品につながらないものの、将来的なサービス改善や新サービス提供のカギとなる技術や素材を見つけ出すことです。

研究成果は会社の将来的な業績と企業価値を押し上げるため、基礎研究は、「経営者」や株主から大きな期待を受ける存在です。また、1人の研究者として、研究成果を学会などで発表する役割も担っており、そこでの評価が彼自身の評価につながります。

■仕事のある業界

個人向け		企業向け		個人および企業向け			
レジャー・フード	福祉・教育	ビジネスソリューション	建設工事ソリューション	エネルギー	運輸	不動産	人材
×	×	×	×	○	×	×	×

■似ている仕事
▶大学の研究者

■就職要件
▶理系（理学・工学系が中心）

point

物事を探求し何かを発見したい気持ちが強い人に向いている

求められる能力・資質

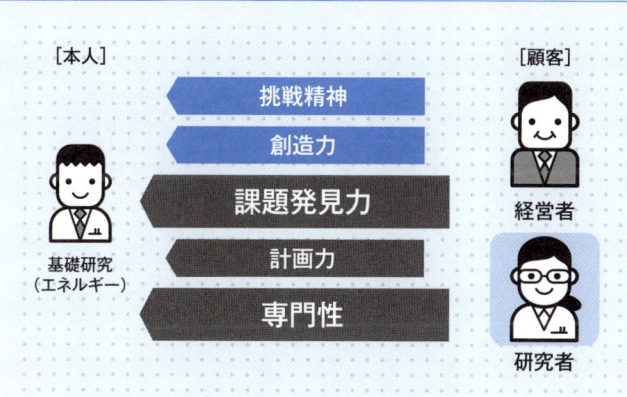

[本人] 基礎研究（エネルギー）　　[顧客] 経営者／研究者

- 挑戦精神
- 創造力
- 課題発見力
- 計画力
- 専門性

[挑戦精神]　今までにできなかったことに挑戦する力
[創造力]　　新しい技術や要素の方向性を作る力
[課題発見力]　実験成果の課題を発見する力
[計画力]　　成果を出すための研究スケジュールを作る力
[専門性]　　専門分野の知識を深めていく力

求められる価値観

[顧客] 経営者／研究者

『合う』価値観
- 創造性
- 名誉

『合わない』価値観
- 刺激
- 多様性

　エネルギー系企業の基礎研究には、新しい技術や素材を見つけるための「**創造性**」、研究成果を経営者や学会などで認められたいという「**名誉**」などの価値観が求められます。
　一方、刺激や仕事内容の変化を求める「**刺激**」「**多様性**」といった価値観が強い人には向いていません。

67

営業企画

顧 客	[社外] 顧客企業担当者、一般消費者
職種の別名	企画営業、営業開発、マーケティング

自社で提供するサービス・商品を顧客視点で再設計する仕事

運輸事業者やエネルギー事業者など、多くのサービス事業者は、つねに新たなサービスを提供するためのヒントを探しています。「営業企画」の役割は、営業現場で接する顧客のクレームや要望に新しいサービス・商品のヒントを探し、市場調査や競合調査、コスト計算や社内調整などの結果、イケそうだと思ったサービスを企画に落とし込み、社内での企画承認を経て、実際のサービス提供に結び付けることです。ヤマト運輸の「クール宅急便」をはじめとして、こうしたニーズ型の商品・サービス開発は、シーズ型(技術主導型)のものよりも市場に受け入れられる可能性が高いため、各社力を入れています。

■仕事のある業界

個人向け		企業向け		個人および企業向け			
レジャー・フード	福祉・教育	ビジネスソリューション	建設工事ソリューション	エネルギー	運輸	不動産	人材
×	×	×	×	○	○	×	×

■似ている仕事
▶システム営業

■就職要件
▶特になし(基本的に全学部)

point

顧客視点で、既存のサービス・商品を見直すことができる人に向いている

求められる能力・資質

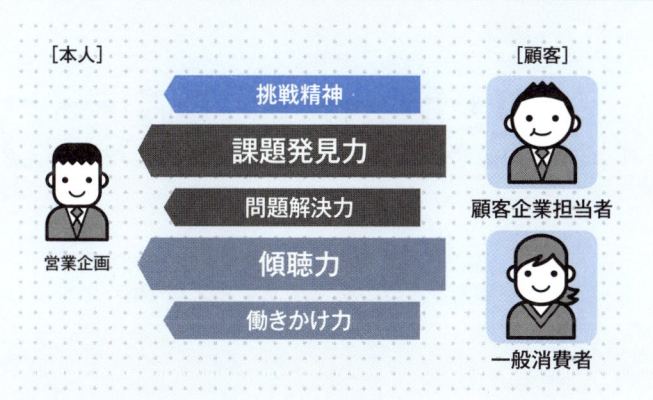

[本人] 営業企画

- 挑戦精神
- 課題発見力
- 問題解決力
- 傾聴力
- 働きかけ力

[顧客]
- 顧客企業担当者
- 一般消費者

[挑戦精神] 圧倒的な価格と品質に挑戦する力
[課題発見力] 既存の商品・サービスの課題を発見する力
[問題解決力] 既存の商品・サービスの問題を解決する力
[傾聴力] 顧客の意見を徹底的に聞く力
[働きかけ力] 新しい商品やサービスを生み出すために周りを巻き込む力

求められる価値観

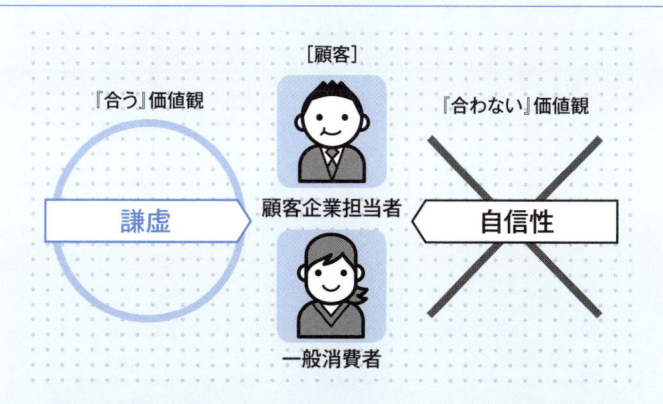

[顧客] 顧客企業担当者／一般消費者

『合う』価値観：謙虚
『合わない』価値観：自信性

営業企画には、顧客視点で新しいサービス・商品を開発するため、顧客の意見や思いを受け止める「謙虚」の価値観が求められます。
一方で、思い込みが強すぎると顧客が見えなくなるため、「自信性」の価値観が強い人には向いていません。

68

保守エンジニア

| 顧 客 | [社外] 顧客企業担当者、一般ユーザー |
| 職種の別名 | 工務、設備管理、インフラ整備 |

サービスを安定稼働させるため
インフラを監視し、メンテナンスする仕事

運輸事業者やエネルギー事業者など、多くのサービス事業者は、自社のサービスを安定して安全に提供する必要があります。「保守エンジニア」の役割は、鉄道会社にとっての線路のような自社サービスを供給するためのインフラを監視・メンテナンスすることで、つねに設備を万全の状態にしておくことです。エネルギー・交通などの生活インフラは止まらないことが前提で運用されなくてはならず、そこでの問題やトラブルは大惨事につながりかねないため、何重ものリスク対策が必要となります。そのため保守エンジニアにも、安全を第一に、つねに確認と監視を忘れないことが求められるのです。

■仕事のある業界

個人向け		企業向け		個人および企業向け			
レジャー・フード	福祉・教育	ビジネスソリューション	建設工事ソリューション	エネルギー	運輸	不動産	人材
×	×	×	×	△*	△*	×	×

＊一部のエネルギー、運輸にこの職種がある。

■似ている仕事
▶ネットワークエンジニア

■就職要件
▶理系(機械・電機系)が中心

point

リスク排除の仕組みを作り、それを運用できる人に向いている

求められる能力・資質

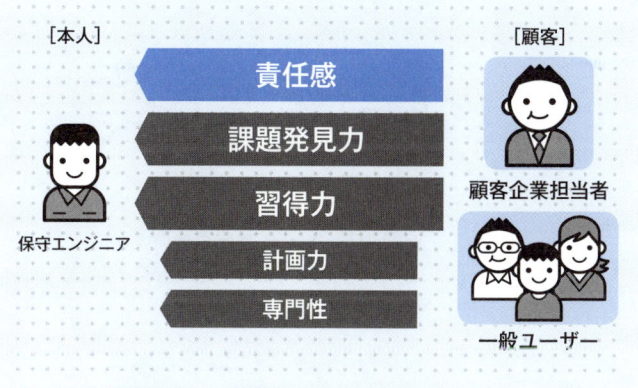

[本人] 保守エンジニア

- 責任感
- 課題発見力
- 習得力
- 計画力
- 専門性

[顧客] 顧客企業担当者 / 一般ユーザー

[責任感] 顧客の安全を守る気持ち
[課題発見力] 障害と異常を早期に発見する力
[習得力] 運用の特徴や手法を学ぶ力
[計画力] 精緻な運用監視の仕組みを作る力
[専門性] 技術の進化に対応する力

求められる価値観

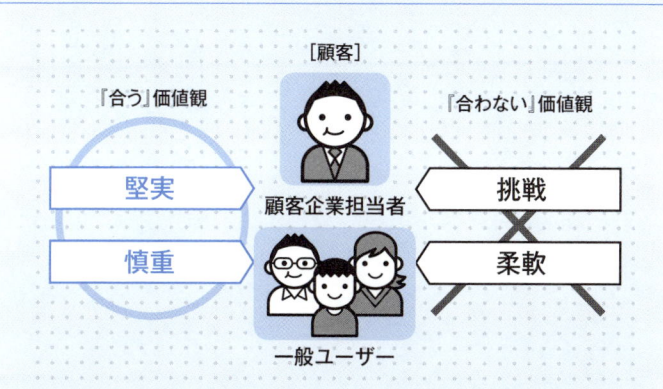

[顧客] 顧客企業担当者 / 一般ユーザー

『合う』価値観
- 堅実
- 慎重

『合わない』価値観
- 挑戦
- 柔軟

　保守エンジニアには、顧客の安全を第一に考え、サービスを安定稼働させるため、真面目にきちんと仕事を進める「堅実」「慎重」といった価値観が求められます。
　一方で、リスクをいとわない「挑戦」、状況に対応してしまう「柔軟」といった価値観が強い人には向いていません。

69

提案営業

顧客　[社外] 顧客企業担当者
職種の別名　ソリューション営業

自社のサービスを利用して
顧客の問題を解決できる企画を提案する仕事

不動産や施設管理、電気やガスなどのサービス事業者は、企業顧客が抱える様々な問題の解決手段を提供しています。「提案営業」の役割は、土地やビルといった不動産の活用プラン、オフィスビルや工場の省電力化プランなど、自社サービスを利用したプランを提案し、受注につなげることです。

こうしたプランはある程度パッケージ化されていますが、提案営業には、顧客企業にヒアリングを実施することで企業顧客の状況やニーズを把握し、その企業に最も適切な形にまとめていくことが求められます。なおプラン作成にあたり重要なのは、顧客企業の問題解決につながっていることです。

■仕事のある業界

個人向け		企業向け		個人および企業向け			
レジャー・フード	福祉・教育	ビジネスソリューション	建設工事ソリューション	エネルギー	運輸	不動産	人材
×	×	△*	×	○	×	○	△*

*不動産、エネルギーのほか、一部の人材、印刷にこの職種がある。

■似ている仕事
▶プライベートバンカー

■就職要件
▶特になし（基本的に全学部）

230

point

ニーズや関心を聴き出し、顧客視点で提案できる人に向いている

求められる能力・資質

[本人] 　　　　　　　　　　　　　　　　[顧客]

- 積極性
- 創造力
- 状況把握力
- 傾聴力
- 対人関係力

提案営業　　　　　　　　　　　　　　顧客企業担当者

[積極性]　　受注を取るため、関係者に強く働きかける力
[創造力]　　自社サービスの利用方法を提案する力
[状況把握力]　受注のために、顧客の状況を把握する力
[傾聴力]　　顧客課題や関心を聴く力
[対人関係力]　顧客に本音を話してもらう力

求められる価値観

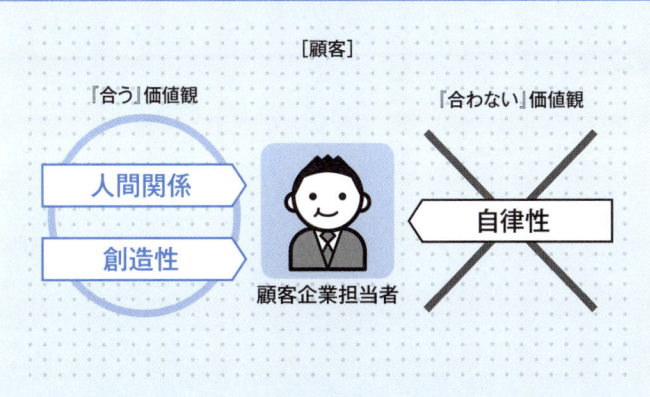

[顧客]

『合う』価値観　　　　　　　　　　　『合わない』価値観

- 人間関係
- 創造性　　　　　　　　　　　　　　- 自律性

顧客企業担当者

　提案営業には、受注に向けて顧客の課題や興味を把握しなくてはならないので、顧客のニーズを聞き出す「**人間関係**」、顧客に利用方法を作る「**創造性**」といった価値観が求められます。
　一方で、利害関係者が多く自己完結しにくい仕事なので、「**自律性**」の価値観が強い人には向いていません。

231　10章――サービス業の仕事

70

人材紹介営業

顧 客 [社外] 中小企業経営者、人事担当者
職種の別名 紹介営業

採用ニーズのある企業と転職希望者をマッチングする仕事

人材紹介会社は、採用ニーズのある企業と転職したい人材のマッチングを行うことで、収益を上げています。「人材紹介営業」の役割は、採用ニーズがある企業の経営者や人事担当者にヒアリングし、自社に登録している転職希望者のうち、要件を満たしている候補を紹介することで、採用に結び付けることです。人材紹介業では、紹介行為自体は無料であり、採用が決まった場合に人材の年収金額に応じて一定比率の成功報酬を請求します。そのため、「人材紹介営業」には、企業のビジネスや必要なスキルだけでなく、採用する人間の好みや志向を理解し、求める人材を的確に絞り込むことが求められます。

■仕事のある業界

個人向け		企業向け		個人および企業向け			
レジャー・フード	福祉・教育	ビジネスソリューション	建設工事ソリューション	エネルギー	運輸	不動産	人材
×	×	×	×	×	×	×	△*

＊人材紹介会社にこの職種がある。

■似ている仕事
▶ 法人営業(都銀)

■就職要件
▶ 特になし(基本的に全学部)

point **顧客企業が欲しい人材を絞り込み、決めさせられる人に向いている**

求められる能力・資質

[本人] 人材紹介営業

- 実行力
- 状況把握力
- 傾聴力
- コミュニケーション力
- 働きかけ力

[顧客] 中小企業経営者／人事担当者

[実行力]　　　　　　顧客が欲しい人材を探し紹介するという実務力
[状況把握力]　　　　顧客の好みや人材像を把握する力
[傾聴力]　　　　　　顧客から求める人材像を聴き出す力
[コミュニケーション力]　顧客と応募者を説得し意思決定させる力
[働きかけ力]　　　　顧客と転職希望者の双方に、互いに対する興味を持たせ、アクションさせる力

求められる価値観

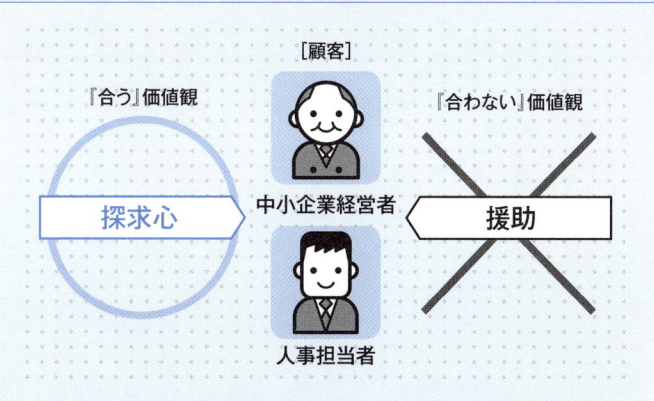

[顧客] 中小企業経営者／人事担当者

『合う』価値観：探求心
『合わない』価値観：援助

人材紹介営業には、顧客の好み、求める人材像などを知ろうとする「探求心」の価値観が求められます。
一方で、人が好き、人のためになりたいという「援助」の価値観が強い人には向いていません。

71

人材派遣営業

顧客 [社外] 中小企業経営者、人事担当者
職種の別名 派遣営業

契約社員のニーズがある企業と自社登録スタッフをマッチングする仕事

人材派遣会社は、契約社員として働きたい人材をマッチングさせることで、収益を上げています。「人材派遣営業」の役割は、契約社員を求めている企業の経営者や人事担当者にヒアリングし、自社に登録しているスタッフのうち、要件を満たしている候補を紹介することで、契約に結び付けることです。人材派遣業では、契約が決まった場合、人材の時間給に応じて一定比率の料金を請求します。そのため、人材派遣営業には、定期的な訪問や人事担当者との関係性構築により、企業の派遣ニーズを素早くキャッチし、最も適切なスタッフをアサインすることが求められます。

■仕事のある業界

個人向け		企業向け		個人および企業向け			
レジャー・フード	福祉・教育	ビジネスソリューション	建設工事ソリューション	エネルギー	運輸	不動産	人材
×	×	×	×	×	×	×	△*

＊人材派遣会社にこの職種がある。

■似ている仕事
▶営業（製造業）

■就職要件
▶特になし（基本的に全学部）

point 定期的に顧客と接触し、ニーズをキャッチできる人に向いている

求められる能力・資質

[本人] 人材派遣営業
- 実行力
- 状況把握力
- 開放性
- 柔軟性
- 人間関係

[顧客] 中小企業経営者／人事担当者

[実行力]　定期的な顧客訪問を確実に行う力
[状況把握力]　顧客の人材ニーズのタイミングをとらえる力
[開放性]　顧客から声をかけてもらえる力
[柔軟性]　顧客の突発的な要求に対処する力
[人間関係]　顧客に何かあったら相談してもらえる関係性を構築する力

求められる価値観

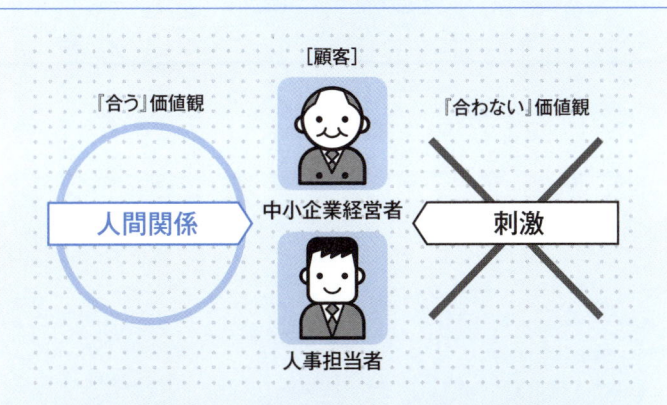

[顧客] 中小企業経営者／人事担当者

『合う』価値観：人間関係
『合わない』価値観：刺激

　人材派遣営業には、突然発生する派遣ニーズをいち早く知るため、顧客にかわいがられる「**人間関係**」の価値観が求められます。
　一方で、仕事内容は定期的な訪問などを地道にしっかりと繰り返すことになるので、「**刺激**」の価値観が強い人には向いていません。

72

法人営業

顧　客	[社外] 総務担当者、中小企業経営者
職種の別名	営業、福利厚生担当

企業法人へ福利厚生やイベントなどの企画を提案する仕事

旅行会社やホテル、一部のレジャー施設やフードサービスの事業者にとって、企業は大口顧客です。「法人営業」の役割は、顧客企業の総務や経営者などに、福利厚生プランや社員旅行、イベントや総会などの企画を提案することで、自社サービスの利用に結び付けることです。企業顧客は、一回の利用人数が多く、金額も大きくなるため、法人営業は、従業員の年齢層や嗜好などを把握した上で、様々なプランを提案し、お得意様には様々な特典を提供することもあります。なお大手企業には、競合他社が営業をかけているケースも多く、社員の評価や感想がその後の受注に影響します。

■仕事のある業界

個人向け		企業向け		個人および企業向け				
レジャー・フード	福祉・教育	ビジネスソリューション	建設工事ソリューション	エネルギー	運輸	不動産	人材
○	×	×	×	×	×	×	×

■似ている仕事
▶広告営業（メディア）

■就職要件
▶特になし（基本的に全学部）

point

顧客の好みを理解し、声をかけられやすい関係を作れる人に向いている

求められる能力・資質

[本人] 法人営業

- 積極性
- 状況把握力
- 柔軟性
- 傾聴力
- 対人関係力

[顧客] 総務担当者／中小企業経営者

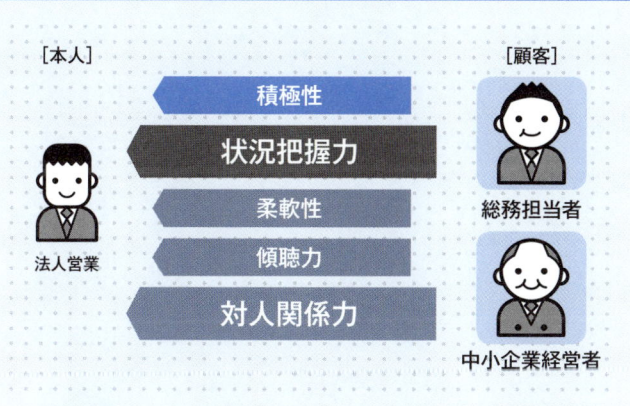

- [積極性] 福利厚生やイベントに関するニーズを探す力
- [状況把握力] 担当企業の社風や嗜好を知る力
- [柔軟性] ニーズに合わせて柔軟に対応する力
- [傾聴力] 顧客のニーズを聴き取る力
- [対人関係力] 担当者と近い関係を構築する力

求められる価値観

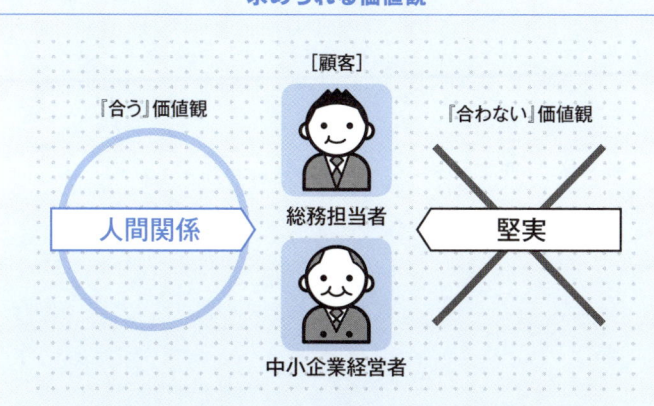

[顧客] 総務担当者／中小企業経営者

- 『合う』価値観：人間関係
- 『合わない』価値観：堅実

　法人営業は、顧客企業の総務担当者と近しい関係を作ることが重要になるため、「**人間関係**」の価値観が求められます。
　一方で、基本的に華やかなことを提案する仕事なので「**堅実**」の価値観が強い人には向いていません。

11章

バックオフィスの仕事

バックオフィスは、総務や経理や人事といった会社内の社員をサポートする部門と、財務や法務や情報システムといった社内だけでなく社外の関係者ともやりとりする部門にわかれて、会社を運営しています。

バックオフィスの仕事は、主に社員や経営者に対してサービスを提供するのに対して、企画・開発・運用の全プロセスを担っているのに対して、企画・開発プロセスのみを基本的に企画・開発プロセスを担っています。また、情報システムは、企画プロセスの業務は行うものの、開発を外部の受託システム開発会社に発注し、運用の一部業務も外部に委託するケースが多いようです。

バックオフィスの仕事は、業界や会社、会社の文化や規模によって呼び名や役割が様々で、総務が情報システムの役割を担ったり、財務が経理の仕事を行ったりするケースもあり、その場合、カバーする範囲によって、求められる「能力・資質」も変わってきます。

では次頁以降で、バックオフィスの主要な職種と、求められる「能力・資質」と「価値観」を見ていきましょう。

バックオフィスの仕事は、主に社員や経営者に対してサービスを提供する役割と、社員や経営者だけでなく外部の関係者に対してもサービスを提供する「財務」「法務」「情報システム」といった役割に分類することができます。

バックオフィスは外部に対してビジネスを行っているわけではなりませんが、サービスを提供するにあたってのながれは、他の仕事同様に、「企画」→「開発」→「運用」というプロセスで構成されています。それぞれ、「企画」では社内の様々な問題を見つけてそれに対する解決策を練り、「開発」ではその解決策を実際の制度やシステムに落とし込み、「運用」ではその制度を安定的かつ一貫した方針で運用することになります。

人事・経理・総務は時としてコンサル

バックオフィスのサービスモデルと職種の相関図

サービスの流れ	人事	経理	総務	財務	法務	情報システム
企画						情報システム
↓				財務	法務	
開発	人事	経理	総務			
↓						
運用						情報システム

顧客＝社員 （人事・経理・総務）

顧客＝社員、取引先 （財務・法務・情報システム）

241　11章——バックオフィスの仕事

73

人事

顧客 ［社内］経営者、社員
職種の別名 人材、人財、ヒューマンリソース

人材を採り、人事制度の仕組みを作り一貫した方針で運用する仕事

社員の採用と教育は、すべての会社において、短期的・中長期的な業績に直結する重要課題です。「人事」の役割は、会社の経営計画の実現のために必要な人材リソースの獲得・育成・評価・異動を行うとともに、人事制度の仕組みを作り、運用することです。

人事は、自社に必要な人材像を把握するため、自社のビジネスの現状や将来像を経営者と共有し、そのために必要な人材像のイメージを固めておくことが求められます。

なお、人事制度とは、ある意味、社員に対する会社からのメッセージなので、評価基準、採用基準、育成基準の設計・変更にあたっては、一貫性に配慮する必要があります。

■仕事のある部門

基本機能			付随機能		
人事	経理	総務	法務	財務	情報システム
○	×	△*	×	×	×

＊総務が兼務していることもある。

■似ている仕事
▶特になし

■就職要件
▶特になし（基本的に全学部）

point
自社のビジネスを理解し、活躍できる人材を把握できる人に向いている

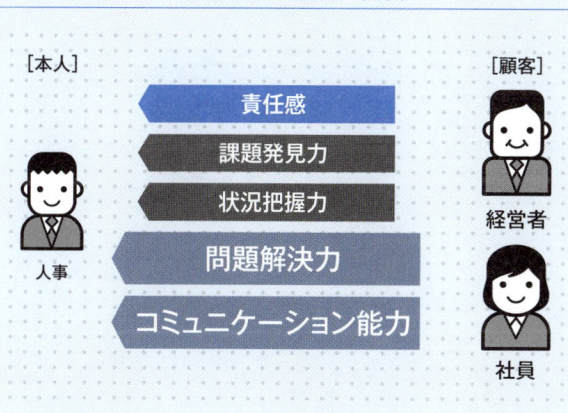

求められる能力・資質

[本人] 人事
[顧客] 経営者／社員

- 責任感
- 課題発見力
- 状況把握力
- 問題解決力
- コミュニケーション能力

[責任感]　　　　　　自社の経営戦略の重要リソースを扱う自覚
[課題発見力]　　　　自社の人事課題を明確にする力
[状況把握力]　　　　自社の人事制度の実態を把握する力
[問題解決力]　　　　経営の意思と現場の意識のずれを埋める力
[コミュニケーション能力]　自社内の利害を調整する力

求められる価値観

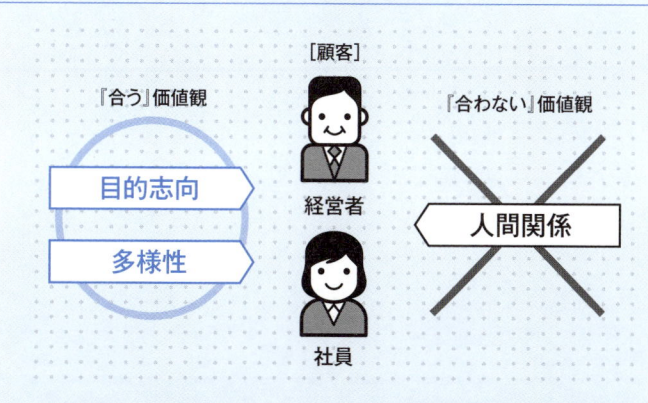

[顧客] 経営者／社員

『合う』価値観
- 目的志向
- 多様性

『合わない』価値観
- 人間関係 ×

　人事は、人が好き、人に関わりたいだけでなく、経営計画の実現に向けて人材を採用・育成していくなどの「**目的志向**」、現実の複雑さを受け入れる「**多様性**」の価値観が求められます。
　一方で、関係性を重視すると経営と現場の板挟みになるため、「**人間関係**」の価値観が強い人には向いていません。

11章——バックオフィスの仕事

74

経理

顧 客 ［社内］経営者、社員
職種の別名 会計、出納

自社のお金の出入りを管理しビジネス活動の実態を数字で可視化する仕事

自社の金銭の出入りを管理することは、すべての会社において、ビジネス活動の実態を可視化する上で重要です。「経理」の役割は、部署ごとに発生する売上、自社からの支払いを、月次などの単位でまとめて管理することで、お金の動きを把握できるようにすることです。経理には、計算業務や簿記などの日々の実務作業だけでなく、自社の財政的な状況を把握できるような仕組み作りが求められ、それが経営者にフィードバックされることで、会社の安定した運営が可能になります。なお、経理が上げる情報は財務にも共有され、企業の経営状態を分析するために使われることになります。

■仕事のある部門

基本機能			付随機能		
人事	経理	総務	法務	財務	情報システム
×	○	△*	×	△*	×

*総務や財務が兼務していることもある。

■似ている仕事
▶銀行事務

■就職要件
▶簿記の資格が望ましい

point

お金の流れを効率的に把握する仕組みが作れる人に向いている

求められる能力・資質

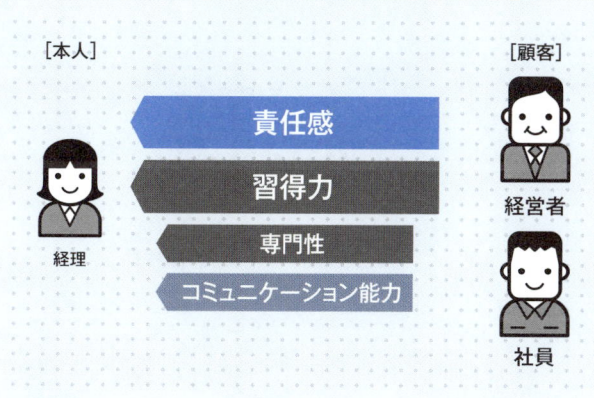

[本人] 経理
[顧客] 経営者／社員

- 責任感
- 習得力
- 専門性
- コミュニケーション能力

[責任感]　　　　　　自社のお金の流れを正しく正確に管理する力
[習得力]　　　　　　自社のビジネスとお金の流れを理解する力
[専門性]　　　　　　経理や税務の知識を深める力
[コミュニケーション能力]　自社の経理ルールを運用するための意見調整能力

求められる価値観

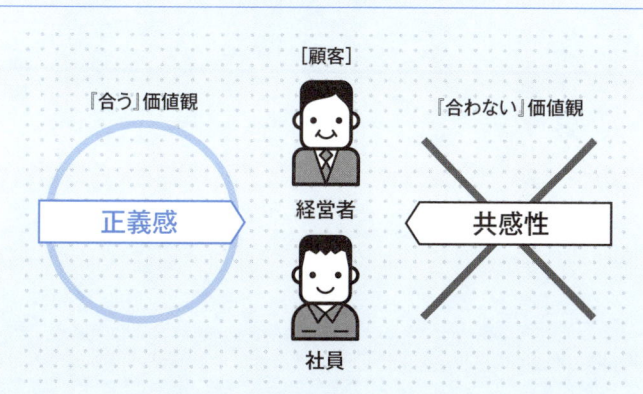

[顧客] 経営者／社員

『合う』価値観：正義感
『合わない』価値観：共感性

　経理には、自社のビジネス実態を正しく把握し不正を許さない「正義感」の価値観が求められます。
　一方で、他者の気持ちや実情に流される「共感性」の価値観が強い人には向いていません。

75

総務

- 顧 客　［社内］経営者、社員
- 職種の別名　庶務、事務

組織運営に必要な事務作業の運営ルールを作り、運用する仕事

様々な部門のスタッフが気持ちよく働き、円滑にコミュニケーションする上では、組織運営のルールが必要です。「総務」の役割は、自社のビジネス活動が快適かつ効率よく実行されるために必要な事務作業の社内ルールをつくり、それを運用することで、社内において発生する様々な雑務を効率的に処理し、付随するトラブルを未然に解決することです。過剰な社内ルールは、従業員の不満・不平を招きかねず、かといってルールの未整備は混乱を生むため、総務には、バランスのとれた制度設計とその運用が求められます。また、総務は、ルーティーンワークの効率化を目指さなくてはなりません。

■仕事のある部門

基本機能			付随機能		
人事	経理	総務	法務	財務	情報システム
×	×	〇	×	×	×

■似ている仕事
▶地方公務員

■就職要件
▶特になし（基本的に全学部）

point

組織の安心感を作りつつ、ルーティーンワークを効率化できる人に向いている

求められる能力・資質

[本人] 総務 → [顧客] 経営者・社員

- 責任感
- 実行力
- 状況把握力
- 開放性
- 対人関係能力

[責任感] 組織の運用に支障が出ないようにする気持ち
[実行力] 日々多発する突発事項やルーティーン業務をやりきる力
[状況把握力] 社員のモチベーション状況を把握する力
[開放性] 組織のメンバーの意見や思いを受け入れる力
[対人関係能力] 組織の利害調整やバランスを取る力

求められる価値観

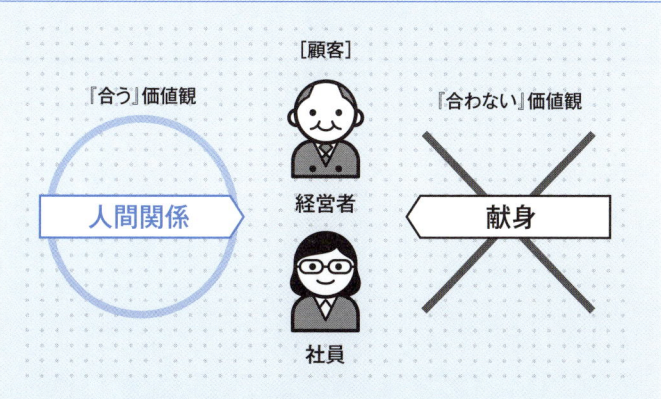

[顧客] 経営者・社員

『合う』価値観：**人間関係**

『合わない』価値観：献身 ✕

　総務は、組織を縁の下で支えるため、社員が満足するようにする「**人間関係**」の価値観が求められます。
　一方で、ボランティア精神で過剰サービスをする「**献身**」の価値観が強い人には向いていません。

11章──バックオフィスの仕事

76

財務

顧客 [社内] 経営者、社員　[社外] 株主、金融機関
職種の別名 財政

自社の経営状態を分析できる
経営判断の材料を作る仕事

企業の経営状態に関する情報を、経営者や外部の関係者に正しく伝えることは、企業経営上、極めて重要です。「財務」の役割は、経理から上がってきた会社の数字を、今後の経営方針を考える上での資料にまとめ、経営者や社員、株主や金融機関に伝えることです。大企業や公開企業の財務は、資金調達や株価対策のために、金融機関や機関投資家や大口株主と接することが多く、彼らに突っ込まれても大丈夫なように、様々な角度から財務状況を検討し、資料を練り込むことが求められます。また経営者に対しては、経営計画を実現するために必要な資金計画を立てることで、経営をサポートをします。

■仕事のある部門

基本機能			付随機能		
人事	経理	総務	法務	財務	情報システム
×	△*	△*	×	○	×

*総務や経理が兼務していることもある。

■似ている仕事
▶特になし

■就職要件
▶文系（経済系）が中心

製造業 / 流通業 / 金融保険業 / 情報通信業 / サービス業 / バックオフィス

248

point

経営者に近い立場で、経営実態を把握できる人に向いている

求められる能力・資質

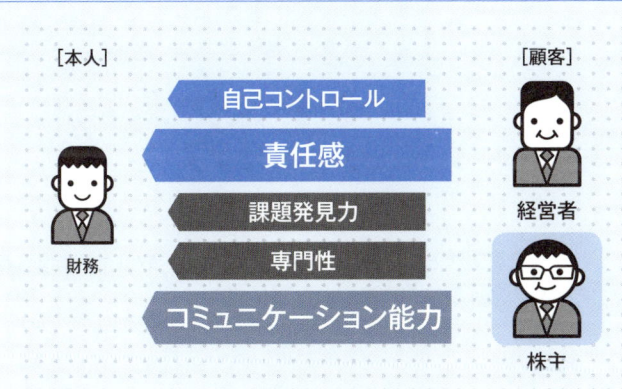

[本人] 財務
[顧客] 経営者／株主

- 自己コントロール
- 責任感
- 課題発見力
- 専門性
- コミュニケーション能力

[自己コントロール] 赤裸々な経営実態を冷静に受け止める力
[責任感] 多くのステークホルダーに経営状況を正しく伝える意思
[課題発見力] 自社の経営状況の課題を発見する力
[専門性] 経営や財務の知識を深める力
[コミュニケーション能力] 自社の経営状況をステークホルダーに伝える力

求められる価値観

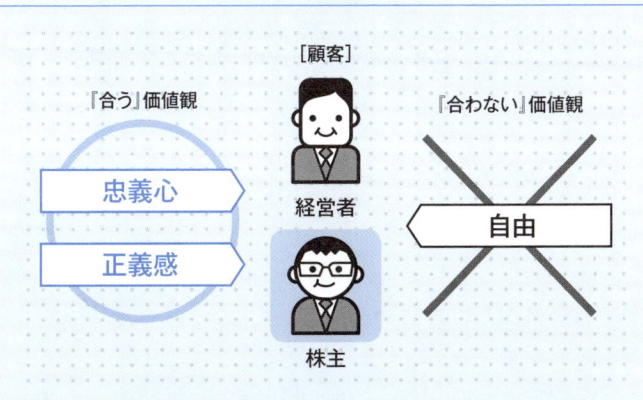

[顧客] 経営者／株主

『合う』価値観
- 忠義心
- 正義感

『合わない』価値観
- 自由

　財務は、自社の経営状況を赤裸々に把握し経営判断を支えるため、経営者の立場になり、会社を支えていこうと強く思う「**忠誠心**」「**正義感**」の価値観が求められます。
　一方で、組織にとらわれず、堅苦しさを嫌う「**自由**」の価値観が強い人には向いていません。

77

法務

| 顧 客 | [社内] 社員　[社外] 一般消費者、取引先企業担当者 |
| 職種の別名 | 企業法務 |

ビジネス交渉や契約に必要となる法的な対応を行う仕事

様々なビジネス活動を行っていく上で、会社は、他社との交渉や契約、時に訴訟や法律面の防衛対策などを行うことが必要になります。「法務」の役割は、ビジネス上の提携や訴訟はもちろん、企業や事業の買収や売却、ライセンスの提供や供与、労働問題の解決や社内規則の設計など、事業展開や組織運営において必要となる様々な法的な対応を行うことです。特に重要なのは、顧客やアライアンス先、パートナーといった取引先企業との交渉であり、法務には、顧問弁護士など外部の法務専門家の力も借りて、契約内容を自社にとって有利になるような形でまとめあげることが求められます。

■仕事のある部門

基本機能			付随機能		
人事	経理	総務	法務	財務	情報システム
×	×	△*	○	×	×

*総務が法務を兼務していることもある。

■似ている仕事
▶司法書士、行政書士

■就職要件
▶文系（法学系）が中心

point

最小限に抑えるため、つねに最大のリスクを想定できる人に向いている

求められる能力・資質

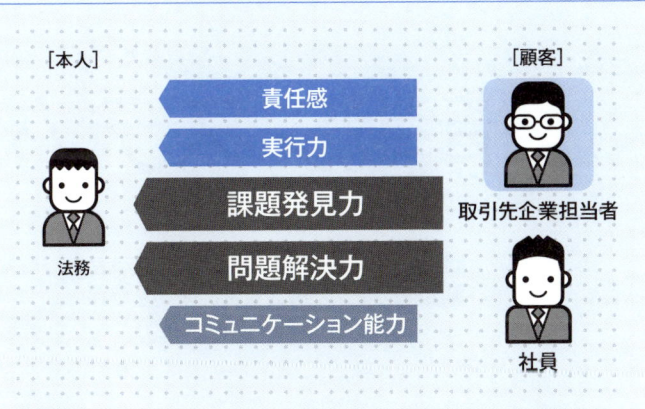

[本人] 法務 — [顧客] 取引先企業担当者／社員

- 責任感
- 実行力
- 課題発見力
- 問題解決力
- コミュニケーション能力

[責任感]　　　　　ビジネスリスクを最小限に抑えようとする気持ち
[実行力]　　　　　対象者との交渉や利害調整などのやり取りを実行する力
[課題発見力]　　　ビジネスに潜むリスクを洗い出す力
[問題解決力]　　　起こってしまったリスクを最小限にとどめる力
[コミュニケーション能力]　利害関係者との交渉能力

求められる価値観

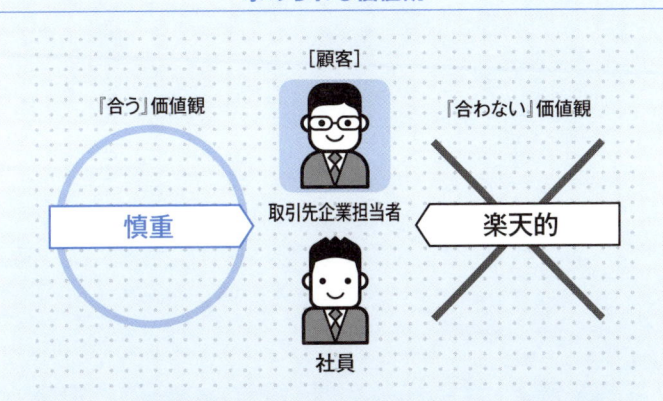

[顧客] 取引先企業担当者／社員

『合う』価値観：**慎重**
『合わない』価値観：**楽天的**

　法務は、起こる可能性があることを想定して組織のリスクを最小化するため、「**慎重**」の価値観が求められます。
　一方で、リスクを甘く見がちな「**楽天的**」の価値観が強い人には向いていません。

11章——バックオフィスの仕事

78

情報システム

顧 客　[社内] 社員　[社外] システム営業
職種の別名　システム、情報企画

自社に情報システムを導入しその活用を支援する仕事

企業を運営する上で、各部署にある様々な情報を管理し、活用できるようにすることは、非常に重要です。「情報システム」の役割は、財務会計、人事給与、生産管理、顧客管理、在庫管理など、部署ごとに発生する自社の情報をまとめてシステム上で管理することにより、経営・事業・部署といった様々な単位で活用できるようにすることです。情報の有効かつ安全な利用は現在、企業の競争力を左右するようになっているため、情報システムには、利便性やセキュリティなどに配慮した仕組み作りが求められます。またIT技術は、非常に進歩が早いため、つねに技術動向をウォッチしておくことが必要になります。

■仕事のある部門

基本機能			付随機能		
人事	経理	総務	法務	財務	情報システム
×	×	×	×	×	○

■似ている仕事
▶特になし

■就職要件
▶情報処理関連の資格が望ましい

point

費用と効果のバランスから、システムを見極められる人に向いている

求められる能力・資質

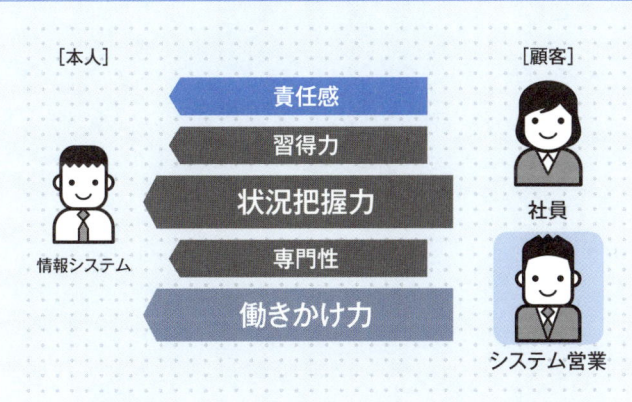

[本人] 情報システム
[顧客] 社員、システム営業

- 責任感
- 習得力
- 状況把握力
- 専門性
- 働きかけ力

[責任感] 自社の情報システムを守ろうとする意思
[習得力] 自社のビジネスの仕組みを理解する力
[状況把握力] 本当に必要なシステムを見極める力
[専門性] IT技術や世の中の進化を理解する力
[働きかけ力] 社内のシステム化を推し進める力

求められる価値観

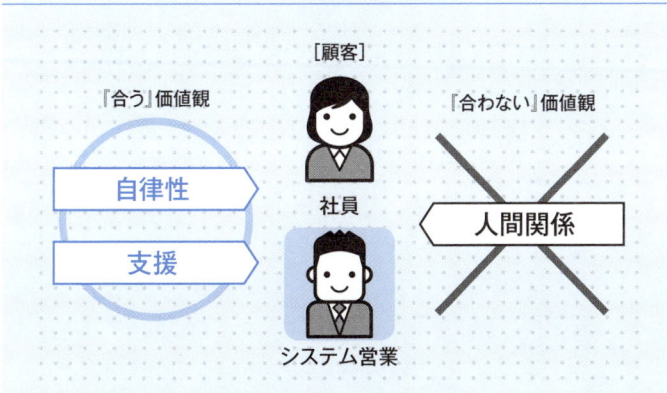

[顧客] 社員、システム営業

『合う』価値観
- 自律性
- 支援

『合わない』価値観
- 人間関係

　情報システムには、事業の円滑な運営をサポートしつつ、システム化するべき部分を見極めることが求められるため、**「自律性」**や**「支援」**といった価値観が求められます。
　一方で、社内の和を重視しすぎると見極めがうまくいかないため、**「人間関係」**の価値観が強い人には向いていません。

おわり 幸せの基準は自分で決めよう

採用関連の仕事に長く携わるなかで、有名大学を卒業し、有名企業に就職することが「幸せ」につながらない例を数多く見てきました。

そもそも、「幸せな就職」の定義は時代とともに変遷してきたように思います。戦後、何もないところから高度経済成長を遂げた時期、日本は、原材料を輸入し、製品を輸出する産業を国策事業として推進しました。そして、繊維、鉄鋼、自動車、家電などの産業が急速に伸びた結果、日本はGDP世界第2位の奇跡の成長を遂げました。

この時代は、これらの成長産業に就職することが「幸せな就職」だったのかもしれません。国が「幸せな就職先」を示してくれた時代だったのです。

しかし、日本の成長が止まり、世界的な競争が激しくなっている現在、同じ産業でも勝ち組と負け組に分かれていま
す。国も、どの産業を成長産業と位置付けていいのかがわからなくなってしまいました。

こうなると、どの産業に就職したら「正解」とは言えません。大手有名企業もまた、成長や安定を約束してるわけで

254

はないのです。

ではそんな時代に、誰が「幸せな就職」の基準を作ってくれるのでしょうか。親、大学教授、あるいはほかの誰かなのでしょうか。

仕事における「幸せ」とは、本来、誰かが感じさせてくれるものではありません。働く本人自身が感じるものです。

つまり、「幸せな就職」の基準は、皆さん自身が決めるしかないのです。

「幸せな就職をしてほしい」そういう思いからこの本を書き始めました。

本書の執筆にあたっては、本当に多くの方々にご協力とご支援をいただきました。長期間のインタビューや取材にご協力いただいた数多くの企業の皆様、EI理論をともに学び進めてきた小野貴裕氏、この本の企画をしていただき示唆に富んだアドバイスをいただいた株式会社イノウの中村理氏。

そして多忙な執筆活動を支えてくれた妻のめぐみ、娘のももこ、さくらに心から感謝をしたいと思います。

12年5月

長谷真吾

[スタッフ]

企画・編集	イノウ(http://www.iknow.ne.jp/)
デザイン	有限会社梅田敏典デザイン事務所
イラスト	良知高行(GOKU)
DTP	西嶋 正

Copy rights arranged through IKNOW Co.Ltd. in Tokyo.

「合う・合わない」で仕事は決めなさい
一生続けられる職種の選び方

2012年7月25日 初版 第1刷発行

著者	長谷 真吾
発行者	片岡 巌
発行所	株式会社技術評論社
	東京都新宿区市谷左内町21-13
	電話 03-3513-6150 販売促進部
	03-3267-2272 書籍編集部
印刷/製本	日経印刷株式会社

定価はカバーに表示してあります。
本書の一部または全部を著作権法の定める範囲を超え、
無断で複写、複製、転載あるいはファイルに落とすことを禁じます。

©2012 長谷 真吾

造本には細心の注意を払っておりますが、万一、乱丁(ページの乱れ)や落丁(ページの抜け)がございましたら、小社販売促進部までお送りください。送料小社負担にてお取り替えいたします。

ISBN978-4-7741-5157-1 C2036
Printed in Japan